"le français sans frontières"

Collection dirigée par Christian Baylon

Maître assistant de linguistique à l'Université de Montpellier

outils pédagogiques

MICHÈLE VERDELHAN

Chargée de cours de linguistique générale à l'Université Paul Valéry (Montpellier)

MICHEL VERDELHAN

Chargé de cours de linguistique appliquée à l'enseignement du français à l'Université Paul Valéry (Montpellier)

TEXTES FRANÇAIS
Niveau 2

Textes, exercices de vocabulaire et de syntaxe,
entraînement à l'expression écrite

GW00695792

CLE international

79, Avenue Denfert-Rochereau, 75014 Paris

Dans la même collection :

● **"outils pédagogiques"**
— Textes Français niveau 1
   par C. Baylon et L. Laffond
— Regards sur la civilisation française
   par J. Schultz

● **"outils théoriques"**
— Introduction à la didactique
   du Français, langue étrangère
   par H. Boyer et M. Rivera
— Problèmes psychologiques des
   méthodes audio-visuelles
   par C. Guimelli et M.-L. Rouquette
— La chanson dans la classe de
   Français, langue étrangère
   par L.-J. Calvet
— Jeux pour parler, jeux pour créer
   par H. Augé, M.-F. Borot, M. Vielmas

Avant propos

Ce recueil s'adresse à des étudiants étrangers de niveau II, adolescents ou adultes, qui désirent, soit dans leur pays, soit dans le cadre des Universités d'été françaises ou des Instituts pour étudiants étrangers, se perfectionner dans l'étude de la langue et de la civilisation françaises.

Objectifs.

Il a pour objectifs :

— de développer la compréhension et l'expression du français, c'est-à-dire d'enrichir les connaissances linguistiques et, par une mise en situation, de provoquer l'utilisation de ces connaissances. La compréhension a d'ailleurs parfois été privilégiée, puisque dans certains cas l'étudiant étranger a plus à comprendre qu'à pratiquer,

— de nuancer et corriger les clichés que l'étudiant possède souvent à l'issue du niveau I au sujet de la civilisation française.

Contenu. Les textes.

Ce qui précède explique que le recueil présente des textes variés mais appartenant tous à une langue véritablement parlée et écrite aujourd'hui. On y trouvera ainsi de nombreux extraits de presse (articles, interview, publicités, sondage...), des extraits de romans ou d'essais, quelques chansons ou poèmes contemporains. Les principaux types de discours sont représentés.

Contenu. L'appareil pédagogique.

Les questions qui suivent les textes sont centrées d'une part sur la phonétique, la syntaxe et le vocabulaire (partie "Connaissance de la langue"), d'autre part sur des techniques permettant de favoriser les différentes formes d'expression orale ou écrite (partie "Technique pour l'expression"). Les textes ici servent de point de départ et de référence constante à l'ensemble des exercices. Ils permettent la mise en situation (en condition) nécessaire à l'utilisation d'une compétence linguistique en voie d'acquisition.

Utilisation.

Plusieurs modes d'utilisation sont possibles :
— au fil des textes, les textes du début étant les plus faciles,
— suivant l'urgence des problèmes qui se posent au professeur en phonétique, syntaxe, vocabulaire, la table des matières permet de se reporter à telle ou telle question,
— pour un travail par thèmes, l'index thématique offre une série de regroupements possibles, que le professeur pourra choisir, modifier ou compléter en fonction de l'intérêt et des motivations des étudiants.

LES AUTEURS.

1
ETAT CIVIL

Jan : Bonjour. Je viens pour la chambre.
Martha : Je sais. On la prépare. Il faut que je vous inscrive sur notre livre.

(Elle va chercher son livre et revient.)
(...)

Martha : (...) Je dois vous demander votre nom et vos prénoms.
Jan : Hasek, Karl.
Martha : Karl, c'est tout ?
Jan : C'est tout.
Martha : Date et lieu de naissance ?
Jan : J'ai trente-huit ans.
Martha : Où êtes-vous né ?
Jan : *(il hésite)* En Bohême.
Martha : Profession ?
Jan : Sans profession.
Martha : Il faut être très riche ou très pauvre pour vivre sans métier.
Jan : *(il sourit) :* Je ne suis pas très pauvre et, pour bien des raisons, j'en suis content.
Martha : *(sur un autre ton)* Vous êtes tchèque, naturellement ?
Jan : Naturellement.
Martha : Domicile habituel ?
Jan : La Bohême.
Martha : Vous en venez ?
Jan : Non, je viens d'Afrique. *(Elle a l'air de ne pas comprendre).* De l'autre côté de la mer.
Martha : Je sais. *(Un temps.)* Vous y allez souvent ?
Jan : Assez souvent.
Martha : *(elle rêve un moment, mais reprend)* Quelle est votre destination ?
Jan : Je ne sais pas. Cela dépendra de beaucoup de choses.
Martha : Vous voulez vous fixer ici ?
Jan : Je ne sais pas. C'est selon ce que j'y trouverai.
Martha : Cela ne fait rien. Mais personne ne vous attend ?
Jan : Non, personne, en principe.

Martha : Je suppose que vous avez une pièce d'identité?

Jan : Oui, je puis vous la montrer.

Martha : Ce n'est pas la peine. Il suffit que j'indique si c'est un passeport ou une carte d'identité.

Jan : *(hésitant)* Un passeport. Le voilà. Voulez-vous le voir?

Le Malentendu
Acte I, scène V.
in Albert Camus. Théâtre, récits, nouvelles, p. 129.
La Pléiade. Gallimard. 1962

EXPLOITATION DU TEXTE

1. Jouer la scène

— Les acteurs porteront une attention particulière aux indications de l'auteur ainsi qu'à l'intonation interrogative.
— Il est souhaitable après un premier jeu, d'intervertir les rôles.

2. A partir des réponses de Jan, complétez **la carte d'identité** suivante :

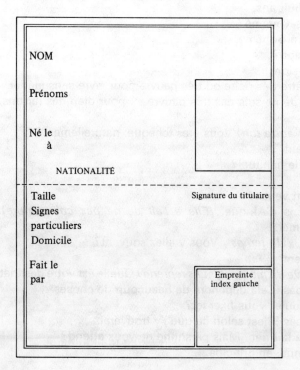

NOM

Prénoms

Né le
   à

     NATIONALITÉ

- -

Taille   Signature du titulaire
Signes
particuliers
Domicile

Fait le
par   Empreinte
                                     index gauche

3. Dans quelles autres circonstances est-on amené à décliner son identité?

— lors d'un contrôle de police : il faut présenter ses papiers (passeport, ... : compléter la liste.)

— si l'on demande un emploi, il faut rédiger son curriculum vitae.

Présentation d'**un curriculum vitae** : il prend généralement la forme d'un tableau divisé selon les rubriques suivantes :

- Etat civil
- Diplômes ou formation
- Expérience
- Etat de service militaire (libéré des obligations militaires, sursitaire, réformé...)
- Situation administrative actuelle
- Informations complémentaires

a) Rédigez votre propre curriculum vitae.

b) Rédigez celui de Jan en inventant des indications qui ne sont pas dans le texte.

Le buveur
Aquarelle de Saint-Exupéry
(le Petit Prince - Gallimard 1952)

2
UN BUVEUR

La planète suivante était habitée par un buveur. Cette visite fut très courte, mais elle plongea le petit prince dans une grande mélancolie :

— Que fais-tu là ? dit-il au buveur, qu'il trouva installé en silence devant une collection de bouteilles vides et une collection de bouteilles pleines.

— Je bois, répondit le buveur d'un air lugubre.

— Pourquoi bois-tu ? lui demanda le petit prince.

— Pour oublier, répondit le buveur.

— Pour oublier quoi ? s'enquit le petit prince qui déjà le plaignait.

— Pour oublier que j'ai honte, avoua le buveur en baissant la tête.

— Honte de quoi ? s'informa le petit prince qui désirait le secourir.

— Honte de boire ! acheva le buveur qui s'enferma définitivement dans le silence.

Saint Exupéry

Le Petit Prince, p. 44. Gallimard. 1952

EXPLOITATION DU TEXTE

I. Connaissance de la langue

A. Vocabulaire

1. Questions/réponses

Répartir dans le tableau ci-dessous les verbes suivants :

s'enquérir — avouer — affirmer — demander — répondre — dire — crier — hurler — questionner — s'informer — raconter — répéter — expliquer.

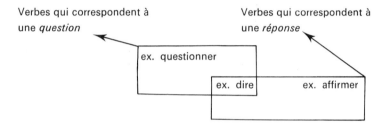

Verbes qui correspondent à une *question*

Verbes qui correspondent à une *réponse*

ex. questionner

ex. dire

ex. affirmer

2. Pendant le dialogue

Relevez et classez les détails du texte qui précisent :

le ton des paroles	les gestes et les mouvements qui accompagnent les paroles	les sentiments qui inspirent ces paroles

B. Syntaxe

Posez les questions correspondant aux éléments de réponse fournis et complétez les réponses

Ex. *Questions*

Que fais-tu ?
Pourquoi trembles-tu ?
Peur de quoi ?

Réponses

— Je tremble.
— Parce que j'ai peur.
— Peur de tout.

Questions	Eléments de réponse	Réponses
. . . .	Je pleure	. . . .
. . . .	Je souffre	. . . .
. . . .	D'un mal aux dents.	. . . .
. . . .	Je chante	. . . .
. . . .	Pour exprimer ma joie	. . . .
. . . .	De partir.	. . . .

II. Techniques pour l'expression

Le dialogue

Le petit prince : Que fais-tu ?   Pourquoi ?   Pour oublier quoi ?
Le buveur :   Je bois...   Pour oublier...   ...Etc.

A la manière de Saint-Exupéry, rédigez des dialogues entre :

— le petit prince et « l'écrivain »,
— le petit prince et le « rêveur ».

L'écrivain et le rêveur seraient, comme le buveur, deux personnages prisonniers de leur occupation :

L'écrivain : J'écris...pour raconter...que j'ai envie...d'écrire.

Le rêveur : Je rêve...pour ne pas penser...que je n'ai pas le temps...de rêver.

(*Indication :* la rédaction de ces dialogues devra utiliser le matériel lexical et syntaxique acquis dans les exercices I-A et I-B, de façon à préciser le ton des paroles, les gestes et les sentiments des personnages.)

3
SE LOGER A PARIS

Ravissant studio, Invalides. Tout confort, téléph., moquette, bains, sol. 420 F T.C.

Martine, postière, a su déchiffrer le rébus*, car depuis quinze jours elle cherche un logement et elle a maintenant l'habitude des petites annonces. Quelle aubaine*! Elle téléphone au numéro indiqué. Au bout du fil, une agence... Légère déception. Il y aura donc une commission à payer. Qu'importe, 420 F, ce n'est pas cher, le petit supplément sera vite amorti.

Martine court au siège de l'agence. Il est dix heures. La salle d'attente tapissée de fleurs imprimées est surchauffée, enfumée et déjà bondée*. (...)

... L'attente est longue. Martine voudrait partir, mais il lui reste trois jours avant de devoir quitter le foyer des P.T.T. où elle a été accueillie provisoirement. Une heure, deux heures s'écoulent. Enfin, après trois heures d'espoir, de crainte et de rêve, on la convie à entrer dans le bureau.

« Le studio des Invalides? », demande-t-elle très vite. « Déjà loué », lui répond-on sèchement, Une des jeunes femmes la prie tout de même de s'asseoir. C'est une courtière*. Dix jours auparavant, elle était chômeuse*. L'agence l'a engagée en passant une annonce. « Le travail est facile, lui avait-on dit. Attirés par nos petites annonces, les clients viennent à l'agence. Vous êtes chargée de leur faire visiter les appartements à louer. Lorsque vous faites affaire, vous avez droit à 10 % du montant de la commission d'agence. Gain mensuel : de 3 500 à 4 500 F. »

« Que cherchez-vous exactement? » demande la courtière. Puis, sans attendre la réponse, elle s'empresse d'ajouter que le studio aux Invalides se trouvait au rez-de-chaussée, au fond d'une cour, qu'il était très sombre et très petit, à peine 12 m². En fait, ce fameux studio aux Invalides n'a jamais existé : c'est un appât pour attirer le client.

Il est 13 heures : à présent, les choses vont aller bon train*. Prise en main par la courtière, Martine erre d'un immeuble sordide à un logement sinistre. Ici, les W.C. et la douche sont sur le palier; là, la cage d'escalier dégage des odeurs nauséabondes. Ailleurs, une lucarne tient lieu de fenêtre... Au-delà de la vétusté, c'est bien d'insalubrité qu'il s'agit. (...) Pendant les parcours en métro, la courtière bavarde, questionne. Le ton semble anodin* mais les renseignements qu'elle obtient sont précieux. Elle apprend ainsi que

* ici texte difficile à comprendre

* chance

* remplie de monde

* intermédiaire dans une affaire

* sans travail

* vite

* pour ce § et le suivant, cf. les questions sur le voc. du logement

* léger, comme pour une chose sans importance

11

Martine doit se loger au plus tôt, qu'elle ne connaît pas Paris, qu'elle dispose de 3 000 F. En un mot, elle connaît désormais le profil de son « acheteuse ».

Il est 18 heures. Martine est lasse. Apparemment infatigable, l'employée de l'agence lance une nouvelle proposition. Le studio, cette fois, est au troisième étage, il a une fenêtre, il est équipé d'une salle d'eau, sa superficie est raisonnable et la kitchenette est autre chose qu'une table de bois avec un camping-gaz. Mais il coûte 900 F par mois. Martine capitule*.

* céder

Il est 20 heures. La courtière a terminé son travail. Elle a gagné 108 F. A la fin du mois, si tout marche bien, elle empochera peut-être 2 000 F. Epuisée, elle n'adresse même pas un « bonsoir » à sa cliente qui, hébétée*, ne s'en aperçoit même pas. Toutes les agences ne sont pas comme celle-là, heureusement.

* abrutie, sans réaction

Christiane Chambenois
« Le Monde ». 15-16 février 1976

EXPLOITATION DU TEXTE

I. Connaissance de la langue

A. Intonation

1. « Le studio des Invalides ? » « Déjà loué. »

Schéma proposé :

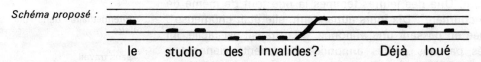

le   studio   des   Invalides ?   Déjà   loué

Prononcer les phrases suivantes :

— La Renault 4 de 1970 ? Déjà vendue.
— La villa à Saint-Tropez ? Déjà occupée.
— La place de chef du personnel ? Déjà prise.
— Un parapluie rose ? Je n'en ai plus.

2. « Que cherchez-vous exactement ? »

Schéma proposé :

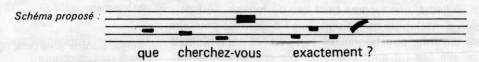

que   cherchez-vous   exactement ?

Prononcer les phrases suivantes :

— Que revenez-vous faire ici ?
— Que voulez-vous exactement ?
— Pourquoi partez-vous maintenant ?
— Qui rencontreras-tu demain ?
— Où cours-tu si vite ?

B. Syntaxe

Expression du temps

Deux structures :
Depuis quinze jours elle cherche un logement. Il lui reste trois jours avant de devoir quitter le foyer.

a) Depuis quinze jours elle cherche un logement = Cela fait quinze jours qu'elle cherche un logement.

— Elle a quitté Paris depuis un mois. Cela fait un mois . . . .
— Son père est mort depuis deux ans. Cela fait . . . .
— Il est chômeur depuis six mois. Cela fait . . . .
— Cet enfant tousse depuis trois jours. Cela fait . . . .
— Je suis mariée depuis trois semaines . . . .

b) Il lui reste trois jours avant de devoir quitter le foyer = Dans trois jours, elle devra quitter le foyer.

— Dans deux heures, il devra prendre l'avion. Il lui reste . . . .
— Dans une semaine, il devra retourner chez lui. Il lui reste . . . .
— Dans 48 heures, elle devra donner sa réponse . . . .

C. Vocabulaire

1. Le logement

a) Classez les mots suivants :

— *selon l'importance du logement qu'ils désignent, du plus petit au plus grand :*
château, maison, studio, gratte-ciel, appartement, immeuble.

— *selon leur degré de précision, du plus précis au moins précis :*
Je cherche un logement/un appartement/un studio/un meublé, dans un immeuble/une résidence/une HLM/un bâtiment.

b) Attribuez aux dessins ci-dessous la légende qui convient à chacun :

une fenêtre, une lucarne, une cuisine, une kitchenette, une salle de bains, un cabinet de toilette, une cuisinière, un camping-gaz.

Un appartement éclairé d'une lucarne, comportant une simple kitchenette, un cabinet de toilette et un camping-gaz, est-il bien équipé? Nous pouvons dire comme Martine :

— Ce n'est pas une fenêtre, c'est une . . . . La . . . . tient lieu de . . . .
— Ce n'est pas une cuisine, c'est une . . . . La . . . . tient lieu de . . . .
— Ce n'est pas . . . ., c'est un camping-gaz. Le . . . . tient lieu de . . . .
— Ce . . . . une salle de bains, ... un . . . . Le . . . . de . . . .

c) Les cinq adjectifs suivants qualifient tous un endroit peu agréable

sordide   vétuste   nauséabond

sinistre   insalubre

Mais lequel d'entre eux signifie plutôt

— malsain?   — qui sent mauvais?
— qui fait peur?   — vraiment très vieux?
— d'une saleté repoussante?

(Aidez-vous du dictionnaire.)

2. Les affaires

a) Si vous voulez louer un appartement, où irez-vous?

dans une agence de voyages? à l'agence nationale pour l'emploi? dans une agence immobilière?

Aurez-vous affaire à :

un agent de police? un agent d'assurances? un agent immobilier? un courtier, une courtière? un promoteur?

(deux réponses possibles)

b) Improvisez un récit ou un dialogue où se trouveront employés les mots ou expressions :

payer une commission — faire affaire — pourcentage de la commission — gain mensuel.

II. Techniques pour l'expression

Les petites annonces

1. L'annonce du texte comporte des abréviations. Traduisez-la en clair.

Que signifient ces autres abréviations?

- villa 4 P (ou F 4)?
- studio 42 m²?

- 4e ét. ss asc. ds imm. anc.
- cuis. 2 ch. séj. s à m. s d b. gar. jard.

2. Déchiffrez les annonces suivantes :

— Loue Montpellier centre studio tt. conft. 3e ét. asc. 450 F TC.
— Vds appart. 3 p. 70 m² banlieue nd Rouen.

3. Voici une maison située au bord de la Méditerranée.

> Elle a quatre chambres, un grand séjour, une cuisine, deux salles de bains, un garage, un grand jardin avec piscine.

> *Rédigez, d'abord en toutes lettres, puis en abrégé, une annonce pour la mettre en vente ou en location.*

4. Mettez en vente par une annonce les objets représentés ci-dessous :

5. Avec une petite annonce, on peut aussi :

chercher un logement
retrouver un objet perdu
acquérir une voiture, une moto, etc.
demander un emploi
chercher un mari

} *inventez les petites annonces correspondantes*

6. Rédigez la petite annonce qui a permis d'engager la courtière.

> *Souvent, les offres d'emploi indiquent les principales qualités exigées, le « profil » du candidat. Pouvez-vous aussi préciser dans votre annonce le profil de la courtière ?*

Récréation : Les rébus

Découvrez les villes françaises dont le nom est ainsi représenté :

A votre tour, mettez sous forme de rébus le proverbe suivant : « L'habit ne fait pas le moine. »

Jeux de rôles

— Martine téléphone à l'agence (2 personnages).
— Dialogue de Martine et de la courtière dans le métro. Un étudiant-courtier interroge un étudiant (Martine) pour obtenir des renseignements sur sa personnalité.

Discussion :

Le rôle, les avantages et les inconvénients des agences.

4
SOLITUDE

* parcourent en tous sens

* nom du service et numéro d'appel

* match important de football, télévisé

* stupéfiante, très surprenante

* centre téléphonique qui reçoit et retransmet l'appel

* maladie, lésion, souvent de l'estomac

* produit pour tuer les insectes

* le chat ronronne

* (angl.) présentatrice. Féminin de speaker

* en anglais

* lutter

* appartement loué meublé

Il y a dans Paris, la nuit, des petites voitures qui sillonnent* des rues éclairées ou désertes, avec à leur bord un homme généralement jeune, médecin de son état, et que l'on appelle par téléphone en cas d'urgence. C'est le fameux S.O.S. Médecin, POR.77.77 ou 707.77.77.*

L'autre soir, à 9 heures, j'en avais appelé un pour une piqûre et, un peu gênée de l'avoir dérangé pour si peu de chose, je lui offris un rafraîchissement. C'était un homme jeune, sympathique, et qui, après avoir consulté sa montre, accepta volontiers.

« J'ai tout mon temps, ajouta-t-il, il est 9 h 10 et en plus, ce soir, c'est Saint-Etienne - Bayern*. »

(...) Je lui demandai (...) de s'expliquer, et la vérité me parut effarante*.

Cet homme travaille de six heures du soir à six heures du matin. De son standard*, on l'envoie donc au secours des citadins en péril, auxquels il demande, pour prix de son déplacement, la somme de 100 Francs. (...) De 6 heures à 8 heures du soir, il est débordé. Les gens rentrent de leur travail, ils sont épuisés, leur ulcère* leur a fait mal toute la journée, ou leur enfant a avalé une boîte d'insecticide*. En revanche, de 8 heures à 11 heures, il est tranquille : la télévision marche. La ville entière figée devant ses postes, ronronne* de plaisir ou d'ennui, selon les cas, mais, en tout cas, n'a pas le temps de souffrir.

A 11 heures, avec le bonsoir de la speakerine*, la douleur — physique ou morale — l'angoisse se réveillent. Et jusqu'à 6 heures du matin, jusqu'à l'aube, le médecin, harcelé, court d'une rue à l'autre. (...) C'est-à-dire que, laissés à eux-mêmes, les habitants de cette fameuse Cité Lumière, de ce Gay Paris by night* doivent se colleter* avec leur pire ennemi : la solitude.

Au moins une fois par nuit, il est appelé par un homme ou une femme, seul, dans un appartement de dix pièces comme dans un garni* minable, quelqu'un qui lui dit : « Je n'ai rien, je n'ai besoin ni de gouttes, ni de piqûres, ni de médicaments. (...) Mais je n'en pouvais plus. J'ai besoin de parler, et que l'on m'écoute, et qu'on me réponde. » (...) Cela veut dire : « J'ai peur, tellement peur d'être seul que je me moque d'être ridicule, de vous déranger et (...) de perdre 100 francs. Donnez-moi dix minutes de votre temps. »

Dans ces cas-là, ce médecin, comme ses confrères d'ailleurs, s'assoit et parle dix minutes, un quart d'heure, une demi-heure s'il le peut. Il sait que, peut-être, ce dérangement sans raison valable* à 2 heures du matin lui évitera un dérangement plus « valable », voire* définitif à 4 heures de la même nuit. [1]

* justifiée

* et même

Françoise Sagan. *Le péché de solitude*
« *L'Express* », n° 1304, 5-11 juillet 1976

---

1. Note de l'auteur : Il y a 15 000 morts "avouées" par suicide, chaque année en France, autant que sur la route.

EXPLOITATION DU TEXTE

I. Connaissance de la langue

A. Phonétique et orthographe : les graphies du son [ɛ̃].

1. Relevez et classez dans le tableau suivant les mots qui contiennent le son [ɛ̃].

graphies	in	im	aint	en	ins	ym
exemples	médecin					

2. Homophones

Complétez les mots par la graphie du son [ɛ̃] qui convient, de telle sorte qu'ils correspondent aux définitions données :

dess . . . . : croquis   v . . . . : boisson   s . . . . : mamelle
dess . . . . : projet   v . . . . : arriva   s . . . . : sacré
                          v . . . . : 20   s . . . . : en bonne santé

B. Vocabulaire

1. Seul

Voici des synonymes de seul :

— seul : solitaire, isolé, esseulé.
— seul : unique/uniquement, exclusif/exclusivement, particulier/particulièrement.

Dans les phrases suivantes, remplacez « seul » par l'un des synonymes selon le contexte

Il vit seul dans la forêt. Il est seul depuis le départ de ses enfants. Son chien est son seul compagnon. Je ne l'ai vu qu'une seule fois. C'est le seul modèle que nous ayons en magasin. Jacques seul connaît la solution. Elle reste seule à l'écart des autres. Il faut que je le rencontre seul.

2. Classez par ordre d'intensité croissante :

a) le médecin est : débordé — occupé — affairé — surchargé — écrasé de travail.

b) les gens rentrent : fatigués — exténués — las — épuisés — ils n'en peuvent plus — ils sont à bout.

3. Lecture de l'heure

Les heures se disent différemment selon qu'il s'agit du matin (de 0 h. à midi) ou du soir (de midi à minuit).

Voici une étrange horloge pour vous aider :

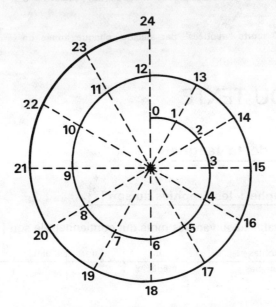

Lire à haute voix les heures indiquées sur les cadrans ci-dessus.

C. Vocabulaire et syntaxe

1. Le sens du verbe change selon le complément d'objet

Expliquez ou proposez un synonyme pour chaque emploi :

a) du verbe **consulter**
— il consulte sa montre :
— il consulte un médecin .

b) *du verbe* **donner**
— donnez-moi les mêmes gouttes, docteur.
— « donnez-moi dix minutes de votre temps ».
— donnez-moi l'heure exacte.
— donnez-moi cinq minutes de réflexion.
— donnez-moi le sel, s'il vous plaît.
— donnez-moi la main, nous sommes amis.
— donnez-moi vos nom, prénom, et adresse.
— donnez-lui confiance, il réussira.

c) *du verbe* **déranger**
— j'étais « un peu gênée de l'avoir dérangé pour si peu de choses. »
— j'étais un peu gênée d'avoir dérangé ses livres.

2. Le sens du complément d'objet change selon le verbe

Expliquez ou proposez un synonyme pour chaque emploi du nom **rafraîchissement**

— « je lui offris un rafraîchissement. »
— avec le soir, on sentit un rafraîchissement.

II. Techniques pour l'expression

1. Jeux de rôles

L'appel téléphonique du médecin. La conversation entre l'auteur et le médecin pendant sa visite.

Indications : un étudiant tiendra le rôle du médecin, un autre le rôle de l'auteur. Il s'agit de formuler au style direct, l'offre de rafraîchissement, la réponse du médecin, puis la demande d'explication et la réponse.

2. Essai

La solitude est-elle devenue « le pire ennemi » de l'homme des grandes villes ? Pourquoi ?

3. Enquête

A partir du nombre de suicides par an (Chiffre cité par F. Sagan)

a) préparez un *questionnaire* ayant pour objectif de faire apparaître

— quel jugement moral est porté sur le suicide,
— comment le suicide est expliqué. (C'est-à-dire quelles sont les principales raisons invoquées pour expliquer le suicide?)

b) si le questionnaire a pu être soumis à un nombre assez important de personnes, rédigez à partir des réponses, un *commentaire synthétique.*

5
LE CANCER

Récemment, une jeune Berlinoise de la télévision est venue me voir. Elle était rayonnante, belle comme savent l'être les Allemandes. Blonde, des yeux d'un bleu intense, une peau au grain fin* et serré, elle aurait pu illustrer la jeunesse et la santé. Cette belle façade* cachait une pénible vérité. Cette jeune fille m'a avoué :

* une peau fine

* aspect

"Je suis atteinte d'un cancer du sein."

Immédiatement, je lui conseillai de se faire opérer. Ses yeux bleus se sont assombris comme la mer sous l'orage. Sa jolie bouche s'est serrée et elle a crié d'une voix rauque* :

* une voix grave

"J'aime mieux me suicider !"

* j'ai essayé de la convaincre

Pendant plus d'une heure, j'ai lutté* avec elle.

"Monsieur, j'ai un beau corps."

Il était difficile d'en douter.

"Je ne supporterais pas l'idée d'être mutilée."

* enlèvement par opération chirurgicale

J'eus beau lui démontrer qu'elle finirait par se faire opérer, peut-être trop tard, et qu'alors l'ablation* de son sein serait inévitable, elle était irraisonnable. En partant, elle me dit :

"Monsieur, je vous aurais préféré malhonnête car maintenant je vous quitterais heureuse.

— Pour si peu de temps, mademoiselle ! "

(...) Elle m'a répondu :

'C'est toujours très court, le bonheur. Mais je vous remercie quand même. La seule chose que je vous demande, c'est de ne pas avertir mes parents. Ma mère ne le supporterait pas. Promettez-moi d'oublier totalement ma visite."

* je ne pouvais pas oublier

Je le lui promis. Le soir, je continuais à être hanté* par la vision de cette belle fille. Ce n'était pas possible, il fallait faire quelque chose. Elle avait toutes les chances d'être sauvée. (...) Ma promesse de ne rien dire à ses parents n'a pas pesé lourd et je leur ai écrit.

* furieuse

J'ai reçu deux lettres, une féroce* de leur fille et une de remerciements de leur part.

* date de

Cette histoire remonte à* quelques années et je sais, car nous sommes depuis longtemps réconciliés*, que tout va très bien pour elle.

* amis, à nouveau

Maurice Mességué. *Des hommes et des plantes*

Ed. R. Laffont (paru aussi en livre de poche)

EXPLOITATION DU TEXTE

I. Connaissance de la langue

A. Phonétique, orthographe et lecture

1. Relevez les mots contenant le son [ã] et soulignez la syllabe correspondante :

ex. : récem<u>ment</u>   rayon<u>nan</u>te

2. Classez les différentes façons d'orthographier le son [ã] dans le tableau suivant que vous compléterez :

ent	an			
récemm<u>ent</u>	rayon<u>nan</u>te			

B. Syntaxe

1. Style direct

Complétez :

Je lui dis :
— ''Vous . . . . par vous faire opérer, peut-être trop tard. L'ablation de votre sein . . . . inévitable. Vous . . . . irraisonnable.''

2. Style indirect

Complétez :

Cette jeune fille m'a avoué qu'elle . . . . d'un cancer. Elle a crié d'une voix rauque qu'elle . . . . se suicider. Elle m'a dit qu'elle . . . . un beau corps et qu'elle ne . . . . l'idée d'être mutilée.
(Utilisez les verbes fournis par le texte.)

3. Plus-que-parfait

Je vous aurais préféré malhonnête car, si vous . . . . (être : plus-que-parfait de l'indicatif) malhonnête, si vous me . . . . (dire : plus-que-parfait de l'indicatif) qu'un remède pouvait m'éviter cette opération, je vous quitterais heureuse.

4. Les pronoms personnels compléments

Dans les phrases suivantes, éliminez les pronoms personnels soulignés en réintroduisant ce qu'ils remplacent (se reporter au texte).

ex. Je <u>lui</u> conseillai de se faire opérer ⟶ je conseillai à cette jeune fille de se faire opérer.
Il était difficile d'<u>en</u> douter.
J'eus beau <u>lui</u> démontrer qu'elle finirait par se faire opérer.
Je le <u>lui</u> promis.
Je <u>leur</u> ai écrit.

5. L'insistance

a) Je vous demande de ne pas avertir mes parents → La seule chose que je vous demande, c'est de ne pas avertir mes parents.

- Je vous souhaite de vivre longtemps →
- Je vous demande d'attendre encore →
- Je vous conseille de faire attention →

b) Le bonheur est toujours très court → C'est toujours très court le bonheur.

- La lecture est toujours très enrichissante →
- Le climat est toujours très agréable →
- Un enfant est toujours très bruyant →
- Ce métier est toujours très pénible →

C. Vocabulaire

Trois préfixes pour former des **mots de sens contraire**   mal-, ir-, in-

ex. honnête → malhonnête
régulier → irrégulier
connu → inconnu

a) *Citez trois mots utilisant le préfixe* **mal-**
b) *Cherchez trois adjectifs commençant par la lettre* **r-** *et admettant le préfixe* **ir-**
c) *Le préfixe* **in-** *se prononce de deux façons différentes :* [in] *et* [ɛ̃]

Vérifiez éventuellement dans un dictionnaire la signification des mots suivants et la prononciation du préfixe in-, pour compléter le tableau :

mots	in- [in]	in- [ɛ̃]
ininteréssant	×	
incapable		×
inexact		
inconnu		
inattendu		
incomplet		
invisible		
inexistant		
inévitable		
inoccupé		

Dégagez la règle : in se prononce [in] devant . . . .
[ɛ̃] devant . . . .

22

II. Techniques pour l'expression

1. Jeu du portrait

Sur le modèle : "Récemment, une jeune Berlinoise .... Elle était ...." *présenter quelques types de portraits :*

Récemment, une jeune Romaine ....   une jeune Madrilène ....

               Américaine ....   Norvégienne ....

2. Dialogue

Imaginez le dialogue entre Mességué et la jeune fille correspondant au passage : "Pendant plus d'une heure, j'ai lutté avec elle...", au cours duquel Mességué essaie de convaincre la jeune fille qui refuse de se faire opérer.

3. Monologue

Spontanément et librement, parlez le plus longtemps possible à partir des phrases :

— C'est toujours très court le bonheur.
— Ce n'était pas possible, il fallait faire quelque chose.

4. Des lettres. Rédigez :

a) La lettre de Mességué aux parents de la jeune fille.
b) La lettre "féroce" de la jeune fille à Mességué (faire allusion à la promesse qu'il n'a pas tenue).
c) La lettre de remerciements des parents.

5. Thèmes de débats

● Le médecin doit-il dire la vérité ?
● Les différentes médecines.
● Médecine et charlatanisme.

6
LA PREMIERE "BOUM"

C'était décidé depuis des semaines : pour ses douze ans, Julien donnerait une "boum"*. Il avait déjà été invité deux fois par des camarades de sa classe de quatrième à ce genre de festivités qu'il trouvait, selon l'adjectif de rigueur au lycée, "géniales". En revanche, ce qui était "débile", d'après le même vocabulaire et le code des "boums", c'était, paraît-il, l'éclairage de notre pièce de séjour : un lustre et des abat-jour. (...) Non, ce qu'il fallait, c'était des spots*, multicolores..., des rouges pour les rocks et des bleus pour les blues. "Ça excite les nénettes* quand on danse", explique, avec condescendance*, Julien à son père.

Son copain Thomas est venu installer les spots comme il convenait. Autre règle, volets et rideaux ont été hermétiquement* clos ce mercredi après-midi, et la mère consignée dans sa chambre. Mais le goûter ? "C'est vrai, alors tu viens à 5 heures, pas une minute plus tôt, et tu repars aussitôt ?" A l'heure dite, entrée de la mère et des orangeades*. "Génial, s'exclament les enfants, on mourait de soif." Regard soupçonneux de la mère sur les joues brûlantes, et soupir en découvrant la moquette jonchée* de "Pipas", ces graines de tournesol séchées et salées que les écoliers parisiens grignotent cette année avec autant d'ardeur que de tous temps les populations du Moyen-Orient.

"Vous vous amusez bien ?

— Débile, chuchote Isabelle, les garçons n'osent pas danser, alors ils "friment"* en parlant de maths et de motos, comme si on était là pour ça. Les filles ont décidé de tirer leur nom au sort, et chacune ira inviter son chacun."

Bruit, chutes, les Beatles* et Cat Stevens, rires, les Rolling Stones, Mort Shuman, chahut et martèlement divers. La dernière paire de jeans et de sabots disparue dans l'ascenseur, la mère s'enquiert : "Alors, Julien, raconte.

— C'était génial. Marc, tu sais, le grand, il a trouvé le balai et s'est mis à danser avec, et nous tous les garçons on s'est bagarrés pour avoir le balai.

— Et les filles ?

— Bof*, elles ont dansé entre elles !"

Régine Gabbey
"Le Monde", 2-3 mai 1976

* le texte permet de comprendre de quoi il s'agit

* petits projecteurs

* (en argot) les filles

* il consent à expliquer d'un ton supérieur

* ici, qui ne laisse passer aucune lumière

* boissons au sirop d'oranges

* couverte

* (argot), ils font les malins

* musiciens et chanteurs à la mode

* interjection exprimant le manque d'enthousiasme

EXPLOITATION DU TEXTE

I. Connaissance de la langue

A. Syntaxe

1. Mettre à la **forme active**

> Exemple : "Il avait été invité deux fois par des camarades de sa classe". → Des camarades de sa classe l'avaient invité deux fois.
> - Les garçons ont été invités par les filles. →
> - La mère avait été consignée dans sa chambre par les enfants. →
> - Les volets et les rideaux ont été hermétiquement fermés par les enfants. →
> - La moquette était jonchée de Pipas. →
> - Les spots ont été installés par son copain Thomas. →

2. La réponse de Julien contient des incorrections lexicales et syntaxiques

Réécrire cette phrase en la corrigeant :

> "C'était génial . . . . le balai."

B. Vocabulaire

1. Voici les principales significations que peut prendre le verbe

Trouver *selon le contexte :*

> estimer/juger/découvrir/éprouver/avoir l'occasion de/se juger/se situer.

Remplacez le verbe "trouver" dans les phrases suivantes, par l'un des verbes de cette liste

> Il trouva enfin la solution du problème. Il trouva sous les feuilles une montre en or. Dans ce village, il trouva à se distraire. Je le trouve intelligent. L'épicerie se trouve à cent mètres. Il se trouve à Paris depuis une quinzaine de jours. Il trouve son bonheur dans cette vie calme.

2. Consigner : ses différents sens

Le verbe	Le nom correspondant
sens : enregistrer, noter par écrit	la consigne = l'ordre
facturer un objet avec garantie de remboursement si on le rapporte	a) la consigne = la somme payée b) le lieu où l'on dépose provisoirement ses bagages
priver de sortie	la consigne = la punition

a) Quel est le sens du verbe "consigner" dans les phrases suivantes ?

"Ces bouteilles sont consignées", dit la marchande. Tous les détails seront consignés dans mon rapport. Le régiment est consigné dans la caserne.

b) Quel est le sens du nom "consigne" dans les phrases suivantes ?

La consigne est formelle : c'est interdit. La consigne est comprise dans le prix. Il a laissé sa valise à la consigne automatique. Pour avoir copié en classe, il a eu une consigne d'un dimanche.

II. Expression

Discussion

— La jeunesse actuelle dans votre pays est-elle plus précoce que celle de la génération précédente ?

— La jeunesse et la mode.

7
SONDAGE :
LES JEUNES FILLES DE 76

1. Dans certaines rubriques de l'enquête ci-jointe, la question posée a été cachée. Retrouvez-la.

2. Vocabulaire des **professions. Jeu :**

> Un étudiant sort de la pièce. Les autres choisissent une profession de la liste. L'étudiant doit, de retour dans la classe, deviner laquelle en posant des questions sur les caractères de cette profession; il lui sera répondu par oui ou par non.
>
> ex. Est-ce un métier manuel? Non.

3. Voici un extrait du **commentaire** de ce sondage écrit par une journaliste de L'EXPRESS :

> "Travailler, oui. Mais que faire? Ni ouvrière, ni paysanne, ni commerçante. Des rêves, mais relativement modestes. D'abord, des métiers tournés vers les enfants (25 % : enseignantes, éducatrices). Elles veulent aider, soigner les autres (8 %), et les animaux (6 %). Elles aiment les arts (6 %), les professions manuelles : vendeuse, coiffeuse, **décoratrice,** étalagiste. Ou, conventionnellement, elles seront hôtesses ou secrétaires. **Bref, des** boulots de communication, actifs, vivants... On pourrait ajouter : **ne pas être un homme.** Les seuls métiers masculins qui les séduisent sont des professions libérales. **Logique.**"

> Jacqueline Rémy

a) A quelle rubrique correspond ce commentaire ?

b) Rédigez le **commentaire** *correspondant aux rubriques :*

> — Elles et leurs parents.
> — Ce que veulent les parents.
> — L'effort.

4. Quelles autres questions auriez-vous posées pour connaître le profil des jeunes filles françaises ?

Ce que veulent les parents

« Ils me laissent faire ce que je veux » . **41,8** %
Profession libérale (médecin, pharma-
cienne, avocate, etc., ingénieur) **9,8**
Secrétaire, hôtesse **8,9**
« Je ne sais pas ce qu'ils veulent »..... **8,7**
Professeur, institutrice **7,6**
« Ils s'en foutent » **5,4**
Professions manuelles, vendeuse....... **5,1**
N'importe quoi, « pourvu que ce soit un
bon métier » **3,8**
Infirmière, laborantine, kinésithérapeute. **3,2**
Autres réponses **3,7**

Leurs études

Avez-vous le sentiment que vos études vous pré-
parent — ou vous ont préparées — à la vie, de
quelle façon?

Très efficace .... **8,7** %
Assez efficace **44,2**
Peu efficace **34,1**
Pas du tout **10,8**

A quoi ça sert ?

2,1— —Préparer une profession
— —
— —
— —
2,9— — Former le caractère,
la personnalité
3,0 —Donner une culture générale
— —
— —
3,5— —Permettre d'accéder
à une bonne position sociale
3,7— —Préparer à bien jouer
son rôle dans la société

Leurs problèmes

- La faim .... **28,3** %
- Le chômage **15,5**
- Le danger de guerre **14,1**
- Le racisme **11,5**
- Les centrales nucléaires **11,5**
- L'inégalité sociale **9,7**
- La maladie **6,7**
- L'inflation **0,8**
- La condition féminine **0,3**

Le métier souhaité

Quel métier — ou profession — souhaiteriez-vous le plus exercer si cela vous était possible ?

Éducatrice (pour délinquants ou inadaptés), assistante sociale, puéricultrice	**13,7** %
Hôtesse d'accueil, hôtesse de l'air, secrétaire	**12,7**
Professeur, institutrice	**11,6**
Professions manuelles, vendeuse, coiffeuse	**10,3**
Médecin, chirurgien, dentiste, pharmacienne, psychiatre, psychanalyste	**7,7**
Théâtre, cinéma, arts	**6,4**
Vétérinaire	**5,7**
Décoratrice, étalagiste	**2,9**
Ne rien faire (« Vivre et respirer »)	**2,5**
Profession juridique	**2,0**

L'effort

Parmi les conditions suivantes, laquelle vous semble la plus importante pour réussir dans votre profession, ou celle que vous choisirez ?

L'effort personnel	**49,4** %
Les relations, le piston	**17,7**
Les diplômes	**17,2**
La chance	**15,2**

Elles et leurs parents

Comment vous entendez-vous avec vos parents ?

Très bien	**33,0** %	**83,3** %
Assez bien	**50,3** %	
Assez mal	**11,4** %	**14,4** %
Très mal	**3,0** %	

D'après le sondage réalisé par L'INSTITUT DEVELOPPEMENT - ETUDE MARKETING (DEM.).
Paru dans l'Express, n° 1301 - 14-20 juin 1976

8
LE BISTROT

Il est assis tout près de la vitre qui donne sur la rue. Il regarde les voitures, les passants, les arbres qui perdent leurs feuilles. Devant lui, sur une table, un demi de bière... Il a gardé sa casquette sur la tête, et, malgré la température clémente, il est chaudement habillé : chandail à col roulé et veste de laine marron. Le temps et les gens... passent.

* le bar — le comptoir

De l'autre côté du zinc*, une jeune femme compte la monnaie des pourboires du matin. Il n'y a pas grand monde à cette heure : il est vrai que c'est le début de l'après-midi... Un livreur passe, avale le contenu d'une chope* à toute vitesse et disparaît encore plus rapidement.

* grand verre à bière avec une anse

* ce bref passage

L'homme n'a accordé aucune attention à cette intrusion fugace*. Il regarde ailleurs. Son âge ? Beaucoup plus de soixante-dix ans, certainement. Et ses mains déformées indiquent qu'il a derrière lui soixante ans de "vie" laborieuse* avant la retraite. La retraite enfin ! Et maintenant, à quoi sert-il ?

* vie laborieuse : vie de travail

* presque

Dans ce café quasi* vide, un homme jeune accoudé au bar en est à son deuxième verre. Pantalon de flanelle gris, chandail blanc, regards fureteurs et vides en même temps, parce que, au fond, il n'y a pas grand-chose à regarder. S'il est là sans rien faire à cette heure où la "population active" produit, c'est que peut-être il est en congé ou en chômage.

Derrière le comptoir, un écriteau est accroché au mur, une forte phrase y est inscrite rouge sur blanc : "Pour garder ses amis, la maison ne fait pas de crédit." Dessous, collé à même la paroi, un gros titre découpé dans un journal : "Le client n'est plus roi." Enfin, un avis rapelle que le pourboire (15 %) n'est pas compris et que l'usage du téléphone est uniquement réservé aux consommateurs. Buvez d'abord, vous téléphonerez ensuite. French hospitality !*

* (angl.) : hospitalité française

L'information, (...) les règlements ne semblent choquer personne (...)

Le hasard ne les a pas fait sortir en même temps. Brusquement, le consommateur du bar est parti : le monde n'attend pas, il faut (...) aujourd'hui (...) faire son chemin dans la société.

30

Le vieux est resté devant sa bière et tout son temps (...)

Soudain, la porte du bistrot s'est ouverte, laissant le passage à une petite fille brune aux cheveux courts, vêtue d'un tablier bleu clair avec des carreaux blancs, et portant un cartable. Indécise, l'enfant s'arrête quelques instants sur le seuil et jette un regard intéressé vers l'imposant étalage* de bouteilles multicolores... Ensuite, elle se dirige résolument vers le vieux. Celui-ci sort de son rêve, sourit, caresse les cheveux de la gamine, se lève très droit et jette quelques pièces sur le guéridon.

Tous deux quittent ce séjour sans joie, la main dans la main avec l'air radieux qu'engendrent les complicités* secrètes, les connivences* silencieuses, l'intelligence* avec ceux qu'on aime.

* série de bouteilles disposées sur une étagère

* entente

* ici, l'accord du cœur

R. Guinier du Vignaud
"Le Monde", 15-16 mai 1976

EXPLOITATION DU TEXTE

I. Connaissance de la langue

A. Phonétique et orthographe

1. Les différentes façons d'écrire le son [o]

a) Complétez les mots suivants en écrivant correctement le son [o]

Dans le bistr..., malgré le ventilateur, il fait ch... Il est très t... dans l'après-midi : il n'y a pas encore tr... de monde.

Un client boit un verre d'... fraîche en lisant dans les journ... le récit d'un fait divers dont le hér... est un escr... que la police vient d'arrêter. Il venait de réussir un gr... coup.

b) Récapitulez dans le tableau suivant les différentes graphies de [o]

graphies	-ot			
exemples	bistrot			

2. Les différentes façons d'écrire le son [i]

a) Complétez correctement les mots suivants avec des graphies de [i]

L'homme reste ass... devant un dem... pendant une part... de l'après-mid... Il sour... Au-dessus de ses cheveux gr... se trouve une pancarte sur laquelle on l... un av... qui rappelle que le pourboire n'est pas compr... : "French hospitalit...". Sur une autre est inscr... : "Pour garder ses am... la maison ne fait pas créd..."

Le jeune homme est part... pour travailler et gagner sa v... ou pour retrouver sa petite am...·

b) Classez dans le tableau suivant les différentes graphies du son [i]

graphies	-il			
exemples	(fusil)			
	(sourcil)			

B. Morpho-syntaxe : adverbes et adjectifs

1. Relevez dans le texte 6 adverbes en **-ment,** et retrouvez les adjectifs sur lesquels ils ont été formés

exemple : chaudement < chaude

2. Relevez dans le texte 3 adjectifs qui permettent de former un adverbe en ajoutant **-ment** à la forme du féminin singulier

exemple : chaude > chaudement

3. Relevez des adjectifs qui ne s'accordent pas avec le nom auquel ils se rapportent

4. Écrire le paragraphe :

> "Soudain, la porte .... guéridon",

en remplaçant :

> "petite fille" *par* "petit garçon".

C. Vocabulaire

1. Relevez dans le texte les mots et les expressions permettant de **situer les objets dans l'espace**.
Ex. : devant

2. Complétez à l'aide du texte :

> Quand on ne travaille pas,
> on est en .... = en vacances,
> ou au .... = sans travail,
> ou à la .... = on a cessé de travailler et l'on perçoit une pension.

3. **Chemin.** Reliez d'une flèche les expressions et les synonymes correspondants :

"faire son chemin"　　　　　　　　→　• s'élever dans la société
demander son chemin　•　　　　　　　　• progresser tranquillement
chemin faisant　•　　　　　　　　• revenir
rester dans le droit chemin　•　　　　　　• en cours de route
faire son bonhomme de chemin　•　　　　• rester honnête
prendre le chemin du retour　•　　　　　• demander sa route

4. Le verbe **porter** change de sens selon le contexte. Il peut signifier :

> tenir; apporter; regarder; être vêtu de; laisser voir; mettre; agacer.

> *Remplacez dans les phrases suivantes le verbe "porter" par l'un de ces verbes :* Le garçon de café me porte un demi. Il porte un lourd plateau. Il porte un costume noir. Il porte souvent son regard sur la pendule. Il porte la main à son front. Il porte sur son visage un air de lassitude. Il me porte sur les nerfs. (familier)

5. Petit lexique du bistrot

> Le bar (le zinc); le garçon (le barman); la caisse; la terrasse; le percolateur (la machine à café); le juke-box (l'appareil à disques).

Sachez commander :

Si vous commandez : deux demis, on vous apportera

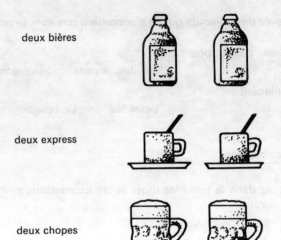

deux bières

deux express

deux chopes

A savoir : "Ça va", dit au garçon de café, signifie "Gardez la monnaie" ! "Service compris" peut signifier : "Je ne suis pas obligé de laisser un pourboire !"

II. Techniques pour l'expression

1. Avis

Rédigez l'avis concernant l'usage du téléphone.

Corrigez l'avis suivant :

> ○ **"Le pourboire 15% est incompris dans le prix des consommations."** ○
> ○ ○

2. Portraits

En vous inspirant du texte, faites le portrait de quelques consommateurs (réutilisez le maximum de mots fournis par le texte) :

— attitude
— costume
— regard

3. Réflexion

— Situation des retraités dans votre pays.
— La vie d'un retraité : Et maintenant, à quoi sert-il ?
— Vivre et se sentir inutile ?

9
PAUVRE MARTIN

1 Avec une bêche à l'épaule
Avec, à la lèvre un doux chant
Avec, à l'âme un grand courage
Il s'en allait trimer aux champs!

Refrain

Pauvre Martin, pauvre misère,
Creuse la terre, creuse le temps!

2 Pour gagner le pain de sa vie,
De l'aurore jusqu'au couchant
Il s'en allait bêcher la terre
En tous les lieux, par tous les temps!

Pauvre Martin, pauvre misère
Creuse la terre, creuse le temps!

3 Sans laisser voir sur son visage
Ni l'air jaloux, ni l'air méchant
Il retournait le champ des autres,
Toujours bêchant, toujours bêchant!

Pauvre Martin, pauvre misère
Creuse la terre, creuse le temps!

4 Et quand la mort lui a fait signe
De labourer son dernier champ
Il creusa lui-même sa tombe
En faisant vite, en se cachant.

Pauvre Martin, pauvre misère
Creuse la terre, creuse le temps!

5   Il creusa lui-même sa tombe
En faisant vite, en se cachant
Et s'y étendit sans rien dire
Pour ne pas déranger les gens.

Pauvre Martin, pauvre misère
Dors sous la terre, dors sous le temps !

Georges Brassens. *Poètes d'aujourd'hui.*

P. Seghers, Editeur.
Disques Philips 33 T. ⓢ 844-751 By Brassens II.

EXPLOITATION DU TEXTE

I. Vocabulaire

A. Vocabulaire de la pauvreté et de la richesse

1. Classez par ordre d'intensité croissante les mots des listes suivantes :

    — la misère, la gêne, l'indigence, la pauvreté, le dénuement.
    — l'opulence, l'aisance, la richesse.

2. Mots dérivés

Complétez le tableau suivant :

Nom (l'état)	Adjectif	Adverbe	Nom (la personne)	Verbe
la pauvreté	pauvre	pauvrement	un pauvre	appauvrir
la gêne				
la misère				
l'indigence				
le dénuement				

B. Les divers sens de grand

Complétez le tableau suivant à l'aide des adjectifs synonymes et de sens contraire pris dans les deux listes ci-dessous :

— *synonymes de grand :* aîné — bon — haut — célèbre — exceptionnel — vaste
— *contraires de grand :* petit — médiocre — ordinaire — jeune — obscur — secondaire.

Phrases	Synonymes	Contraires
Il a un grand courage.	exceptionnel	médiocre
Brassens est un grand poète.		
Martin était grand et maigre.		
Ce n'était pas un grand homme.		
Il ne possédait pas un grand champ.		
Il avait perdu son grand frère.		
Brassens est un grand ami des pauvres.		

II. Petit cours de sémiologie du geste en français

"Et quand la mort lui a fait signe..."

Attribuez à chaque dessin la légende qui convient.

III. Reconstitution de texte

Après plusieurs lectures ou auditions du disque, reconstituer le texte à partir des éléments fournis ci-dessous.

Avec une bêche . . . .

Avec . . . . un doux chant

Avec . . . . courage

Il s'en allait trimer aux champs.

Pour gagner le pain de sa . . .

De . . . . jusqu'au . . . .

Il s'en allait bêcher la terre

En tous . . . . . , par tous les . . . .

Sans laisser voir . . . .

Ni l'air . . . . . ni . . . .

Il retournait le champ des autres

Toujours . . . . , toujours . . . .

Et quand . . . . signe

De . . . . son dernier . . . . .

Il creusa lui-même sa tombe

En . . . . . . vite, en se . . . . . .

Il creusa . . . .

En . . . .

Et s'y étendit sans rien . . . . .

Pour ne pas . . . .

10
METRO - BOULOT - DODO

Il faut aller voir les banlieusards débarquer gare Saint-Lazare à heures fixes, qui se rendent le matin à leur travail et qui reprennent le train du soir, mécontents et harassés*. Comment ne pas être dépaysé? On dirait une fourmilière. Comment est-ce, Dieu, possible? Quel monde étrange! Ces banlieusards ne sont pas heureux. Que de soucis sur les visages, autant que des cors* aux pieds. Ils peuvent courir pour attraper leur métro en se bousculant et même sauter dans leur train en marche, mais ils ne savent plus marcher, flâner, s'arrêter, respirer. Trop de hâte. Ils ne s'appartiennent plus. Ils dépendent d'un horaire. Ils ne savent plus ce que c'est que vivre. Les femmes ne sont pas nées pour être dactylos* ni les hommes ne sont au monde pour être dans un bureau. (...) Et si un beau jour personne ne marchait plus? Je ne fais pas allusion à une grève* plus ou moins prolongée, voire générale et politique (ils nous embêtent avec leur politique!) mais, réellement, si personne ne se rendait plus au travail, na*, pour de bon, les gens ayant fini par comprendre que c'est idiot, que dans ces conditions cela ne rime à rien,* que ce n'est pas une vie, la vie, qu'est-ce qui arriverait?

* épuisés

* (ici) petite grosseur due au frottement, à de longues marches

* personne qui tape à la machine

* arrêt de travail

* interjection du voc. enfantin, exprime l'entêtement

* cf. voc. qu. 4

Blaise Cendrars. *La Banlieue de Paris-Ouest*
in Oeuvres complètes, tome 7. Denoël, 1964

EXPLOITATION DU TEXTE

I. Connaissance de la langue

A. Phonétique

1. Voyelles nasales : [ã], [ɛ̃], [ɔ̃], [œ̃]

Écouter et lire à haute voix :

[ã] : Les *ban*lieusards se *ren*dent au travail *en* cour*ant* et *en* se bouscul*ant*.
[ɛ̃] : Gare *Sain*t-Lazare ils prennent le *train* tous les ma*tins*.
[ɔ̃] : Quel *mon*de! On voit qu'ils ne *son*t pas heureux dans ces co*nditions*.
[œ̃] : *Un* jour, *un* lundi.

(Alternance des voyelles nasales) :

Tu es mécontent dans ton camp. *Un bon bain* te fera du bien. Sans son pont, le village est isolé. Sans pain blanc, il reste à jeun tout *un lun*di.

2. Alternance vocalique : opposition voyelle nasale/voyelle orale

,,Ils ne s'appartiennent plus'' —————— Il ne s'appartient plus.

  [sapartjɛn]   [sapartjɛ̃]

Lire :

Ils tiennent —————— Il tient

Ils reprennent le train —————— Il reprend le train

Ils comprennent —————— Il comprend

Remarques :

a) on retrouve une alternance vocalique identique entre **l'adjectif et l'adverbe qui en dérive**

prudent —————— prudemment   courant —————— couramment

  [ã]   [a]   [ã]   [a]

Citez d'autres adjectifs terminés par le son [ã] *écrit* -ant *ou* -ent *sur lesquels on a construit un adverbe.*

b) en général, une voyelle suivie d'une double consonne nasale reste orale

ex. cons**onne** [kɔsɔn]

Relevez 4 exemples différents correspondant à cette formule :

voyelle + 2 consonnes nasales = voyelle orale

(une exception : ennui [ãnyi] et les mots de la même famille).

B. Syntaxe

Représentation de la structure de la phrase : "Il faut aller voir..."

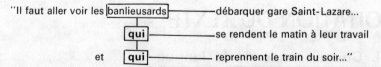

"Il faut aller voir les banlieusards ——————débarquer gare Saint-Lazare...

                           qui ——————se rendent le matin à leur travail

     et   qui ——————— reprennent le train du soir..."

Cette construction, introduite par "il faut aller voir..." et suivie de 2 propositions relatives, pourrait être celle d'un **prospectus publicitaire.** *Sur ce modèle, écrivez 3 phrases invitant à visiter certains lieux pittoresques de votre région.*

C. Vocabulaire

1. Les différents sens du verbe **marcher**

Le verbe marcher *peut signifier* se déplacer à pied *et dans des expressions familières, accepter, fonctionner.*

Quel est le sens du verbe marcher dans les phrases suivantes ?

"Si un beau jour personne ne marchait plus... qu'est-ce qui arriverait?" Sa montre ne marche plus. On ne marche pas souvent quand on a une auto. Cette proposition me plaît, je marche. Tour n'est pas clair, je ne marche pas dans cette affaire.

2. Le mot **marche** entre dans des expressions courantes :

— en marche *signifie* : en mouvement,
— en état de marche *signifie* : en état de fonctionner (prêt à fonctionner).

Dans le texte : "Ils peuvent sauter... dans leur train en marche."

Employez l'expression qui convient dans les phrases suivantes :
Cet appareil électrique est vendu en . . . .
Ils sont en . . . . vers le sommet de la montagne.

3. On peut "**prendre**" beaucoup de choses en français

a) Quel est le verbe correspondant aux expressions suivantes ?

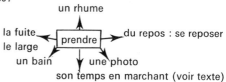

b) Remplacer "prendre" par un autre verbe ayant le même sens dans les expressions suivantes :

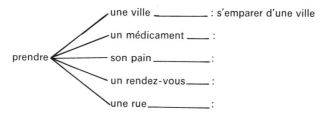

une ville _____ : s'emparer d'une ville
un médicament ____ :
son pain _____ :
un rendez-vous____ :
une rue_____ :

4. Deux emplois différents du verbe **arriver** :

sens de survenir, se produire.	sens de parvenir au terme d'un trajet ou d'une action

Mettre les phrases suivantes à la place qui convient dans le tableau ci-dessus :

— "Si un beau jour personne ne marchait plus... qu'est-ce qui arriverait?"
— Quoi qu'il arrive, je poursuivrai la lutte.
— Il arrive que les événements se répètent.
— En travaillant nous y arriverons.
— Il peut arriver qu'on échoue malgré tout.

Quelle remarque peut-on faire concernant le sujet du verbe "arriver" au sens de "survenir"?

5. Niveaux de langue

Recherchez dans le texte des expressions appartenant à un niveau de langue familier, mais ayant à peu près le même sens que les suivantes :

Cela n'a pas de sens 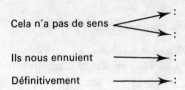 :

:

Ils nous ennuient ⟶ :

Définitivement ⟶ :

II. Techniques pour l'expression

1. Expression orale

a) **Expression individuelle** *libre à partir des thèmes :*

— ''Qu'est-ce que c'est que vivre...''
— ''Ils nous embêtent avec leur politique !''

b) **Travail de groupe**

Les étudiants, par groupes de 6, ont six minutes pour rassembler le plus d'idées possibles sur un sujet. Ils désignent ensuite un porte-parole qui aura deux minutes pour présenter ces idées.

Sujet proposé : ''Si personne ne marchait plus... qu'est-ce qui arriverait ?''

2. Expression écrite

''Il faut aller voir les étudiants arriver sur le campus...''
Continuer, en imitant le style du passage, l'évocation de la vie des étudiants.

11
COUPLET DU
TROTTOIR D'ETE

Couchons-nous sur le pavé,

Par le soleil chauffé, par le soleil lavé,

Dans la bonne odeur de poussière

De la journée achevée,

Avant la nuit levée,

Avant la première lumière

Et nous guetterons dans le ruisseau

Les reflets des nuages en assaut,

Le coup de sang de l'horizon

Et la première étoile au-dessus des maisons.

Robert Desnos. *Poètes d'aujourd'hui p. 169*
P. Seghers, Éditeur

EXPLOITATION DU TEXTE

I. Initiation à une expression poétique

. Le matin et le soir

Expressions courantes en français pour évoquer le matin et le soir.

Le matin	le jour se lève	au lever du jour
	le soleil se lève	un lever de soleil
	l'aurore	la lumière qui précède le lever du soleil
	l'aube	la première lueur du jour

Le soir	la nuit tombe	à la tombée de la nuit
	le soleil se couche	un coucher de soleil
	le jour s'achève	
	le couchant	

Quelles sont les expressions utilisées par le poète pour évoquer le soir ? Comment les a-t-il formées ?

2. Relevez d'autres éléments poétiques :

— **images**
— **inversions**

3. Citez des expressions ayant au contraire une structure très simple

4. Conclusion : qu'est-ce qui fait le charme et la poésie de ce texte ?

II. Exercices de reconstitution du texte

Pour retenir ce poème :

1. Le lire plusieurs fois

2. Complétez de mémoire à partir des éléments fournis en a) puis en b)

a) Couchons-nous sur le pavé
Par le soleil . . . . ., par . . . . . .,
Dans la . . . . odeur de . . . . . .
De . . . .
Avant la nuit . . . .
Avant . . . .
Et nous guetterons dans le ruisseau
Les reflets . . . .
Le . . . . de l'horizon
Et la . . . . . . au-dessus des . . . .

b) Couchons-nous sur . . . .
Par . . . ., par . . . .
Dans . . . .
De . . . .
Avant . . . .
Avant . . . .
Et nous guetterons dans le ruisseau
Les . . . .
Le . . . .
Et la . . . .

3. Essayez d'écrire, de mémoire et sans aide, l'ensemble du poème

12

GASTRONOMIE :

I Où est passée la bonne cuisine française ?

En créant le mythe de la "spécialité", le Guide Michelin a encouragé la fausse complication. Chaque restaurateur a compris que pour avoir ses étoiles* il lui fallait fabriquer un plat artificiel, apparemment savant, propre à éblouir les ignorants. Le résultat a été le triomphe du tape-à-l'œil* : mettez n'importe quelle ordure "en croûte" ou servez n'importe quoi de "flambé", vous avez votre étoile. Un autre mot magique, aux yeux de Michelin, est le mot "farci". La cuisine tape-à-l'œil, la cuisine attrape-nigauds* s'est installée partout en France. Le redoutable coq-au-vin, l'abject canard à l'orange, l'éternel gratin de queues d'écrevisses (quand chacun sait qu'il n'y a plus d'écrevisses dans notre malheureux pays)..., la truite farcie au coulis d'écrevisses c'est-à-dire la truite cotonneuse additionnée de crevettes congelées, sont encouragés sur toute l'étendue de notre infortunée patrie. Cette chimie pour nouveaux-riches ignares*, qui incarne l'esprit Michelin, fait que si l'on trouve partout de prétendues "spécialités", il est devenu impossible de faire, où que ce soit, un seul bon repas, où tout soit classique, connu et bien fait.

* ici distinction honorifique pour les restaurants

* (fam) où seule compte l'apparence

* (fam) piège pour naïfs

* gens riches mais peu cultivés et ignorants de la vraie cuisine

Jean-François Revel. *Contre-censures* p. 349
"Brillat-Savarin et le Guide Michelin"
Éd. J.-J. Pauvert, 1966

EXPLOITATION DU TEXTE

Sachez apprécier la cuisine française

1. Voici la carte d'un restaurant :

Hors-d'œuvres	**Viandes**
Coquillages	Entrecôte grillée
	Escalopes de veau
Charcuterie { pâté / saucisson / jambon	Côtes de mouton
	Saucisses
	Bœuf en daube
Potages	Poulet rôti
	Coq au vin
Salade { verte / niçoise	
	Légumes (ou accompagnement)
	Pommes frites
Entrées	Pommes vapeur
	Haricots verts
Œufs sur le plat	
Omelette	**Plateau de fromages**
Vol-au-vent	
Quenelles	**Desserts**
	Tarte maison aux pommes
Poissons	Flan
	Glaces
Truites	Fruits
Soles meunière	
Bouillabaisse	

Choisissez parmi les plats proposés de quoi composer deux **menus** *différents, établis selon le plan suivant :*

Menu A	Menu B
Plat : 1 Hors-d'œuvre	Plat : 1 Hors-d'œuvre
2 Viande ou poisson	2 Entrée
3 Légume	3 Viande ou poisson
4 Dessert	4 Légume
	5 Fromage
	6 Dessert

C'est en effet dans cet ordre que se déroulent les repas en France. Le menu A correspond au repas courant, familial, le menu B à un repas plus recherché et plus copieux.

2. Sachez ce que vous mangez

Voici quatre plats pris dans la liste ci-dessus :

a. salade niçoise	c. tarte aux pommes
b. coq au vin	d. bouillabaisse

Les principaux ingrédients qui les composent sont représentés ci-dessous. Attribuez à chaque dessin le nom du plat correspondant.

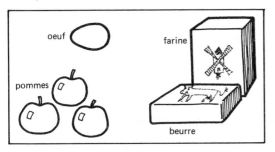

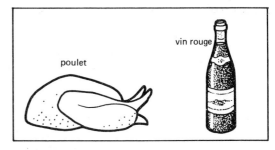

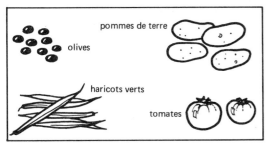

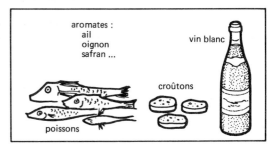

3. Une recette de cuisine

"Nettoyer et couper les poissons en morceaux. Faire blondir à l'huile l'oignon émincé, puis ajouter les gousses d'ail hachées, des tomates écrasées, le vin blanc, l'eau. Jeter le poisson dans cette cuisson, assaisonner de sel, poivre, persil et safran. Cuire 20 mn. Servir aussitôt avec des croûtons de pain frits."

Quel plat confectionnerez-vous avec cette recette ? Pourriez-vous en vous inspirant de ce modèle rédiger les recettes des plats a et c ?

4. Quelques bons conseils

*Deux journalistes français spécialisés dans la gastronomie, Henri **Gault** et Christian **Millau**, donnent les conseils suivants :*

Dans un restaurant relativement simple ou bon marché, ne choisissez jamais de plats chers ou prétendant à la "grande cuisine"... Même chose pour les plats de récupération ou arrangés : brochet soufflé, gratins ou timbales de fruits de mer, mousses farcies...
Dans un petit bistrot, préférez le plat de ménage, les bas morceaux et autres plats à réchauffer... comme les daubes, les ragoûts etc.
Pour être tout à fait tranquille, choisissez une viande ou une volaille grillée ou rôtie..."

in "Gault et Millau se mettent à table"
Ed. Stock, cité dans Marie-Claire, n° 288

Voici, cités par Gault et Millau, deux menus d'un petit restaurant :

      1) 18 F : Salade de tomates — Bœuf carottes ou steack purée — Fromage — Compote
      2) 35 F : Bouchée à la reine — Homard à l'armoricaine — Mousse au chocolat.

En appliquant les principes énoncés par les auteurs, lequel de ces menus choisiriez-vous ? Pourquoi ?

5. **Plats régionaux.** Certaines régions de France sont renommées pour un plat particulier. Retrouvez la région où se savourent chacun des plats suivants :

      ex. Crêpes   Bretagne

Plats   : Choucroute? Cassoulet? Bouillabaisse? Fondue au fromage? Quiche?
Régions : Savoie. Lorraine. Alsace. Région de Toulouse. Provence.

6. Débat

Examinez et discutez ces trois jugements sur la bonne cuisine (cités par J.-F. Revel[1], qui lui-même les trouve faux) :

      1) "La bonne cuisine est liée à la richesse."

      2) "La bonne cuisine est "compliquée", elle demande du temps, la préparation de sauces savantes, elle est incompatible avec la vie moderne."

      3) "La bonne cuisine est conditionnée par la présence de la femme au foyer... c'est-à-dire par un état périmé de la société."

      1. op. cit. p. 346-7

13
GASTRONOMIE :

II Deux richesses de la table française les vins et les fromages,

1. Un peu de géographie

Voici, désignés par leur région d'origine, des vins et des fromages parmi les plus connus :

Vins

Beaujolais
Bourgogne
Alsace
Bordeaux
Provence
Anjou
Languedoc
Champagne
Côtes du Rhône

Fromages

Bleu d'Auvergne
Brie
Cantal
Munster
Camembert
  (Normandie)
Roquefort
Tome de Savoie
Tome des
  Pyrénées

Retrouvez à quel vin et à quel fromage correspondent les dessins.

2. A chaque plat son vin !

Tout d'abord, quelques règles simples

Hors-d'œuvre Coquillages Poissons	vins blancs secs *Ex.* Alsace. Bordeaux	Entrées	vins rosés : Anjou. Provence. Languedoc vins rouges légers : Beaujolais
Viandes Fromages	vins rouges corsés : Bourgogne. Bordeaux. Côtes du Rhône	Desserts	vins pétillants : Champagne vins blancs doux : Bordeaux. Muscat du Languedoc

Quels vins boiriez-vous donc avec les plats de l'exercice 2, p. 47

Reprenez les menus composés à la leçon précédente et attribuez à chaque plat le vin qui convient.

3. Recherche personnelle : voulez-vous devenir un amateur averti, un "taste-vin" ?

Dans chaque région, certains vins sont plus célèbres que d'autres en raison de leur qualité. Ce sont des **"crus"**.

Renseignez-vous sur les grands crus de :

Bordeaux : ex. (rouge) Saint-Émilion / (blanc) Montbazillac

Bourgogne : Chambertin...

4. La diversité des **fromages** vient de la nature du lait utilisé (lait de brebis, chèvre, vache) et des procédés de fabrication (fromage frais, fermenté, avec ou sans moisissures bleues).

Voici un plateau de fromages :

Il comporte les dix fromages suivants :

1. **Roquefort** (brebis; à moisissures)
2. **Gruyère** (vache; à trous)
3. **Cantal** (vache; pâte pressée)
4. **Camembert** (vache; fermenté)
5. **Petit suisse** (vache; frais)
6. **Pélardon** (chèvre; petit et sec)
7. **Brie** (vache; très plat)
8. **Bleu** (vache; à moisissures)
9. **Port-Salut** (vache)
10. **Munster** (vache; croûte rougeâtre)

Faites correspondre dessins et numéros.

14
UNE VILLE DE PROVINCE

A mesure que nous avancions, je découvrais une autre ville. (...) Les magasins d'alimentation et de motocyclettes remplaçaient les boutiques de luxe. Oui, le nombre de magasins de motocyclettes était incroyable. Quelquefois, il y en avait deux l'un à côté de l'autre, avec, exposées sur le trottoir, plusieurs Vespas* d'occasion. Nous avons dépassé la gare routière*. (...) Nous sommes arrivés au coin de la rue du Parmelan et de l'avenue Maréchal-Leclerc. Cette avenue (...) était bordée de platanes.

* sorte de motocyclette

* gare des autobus

Photo Ciccione - Rapho

(...) La nuit était tombée et de chaque côté, des habitations de deux ou trois étages montaient la garde*, petits immeubles aux teintes blanches (...) De place en place, une maison en forme de chalet* au milieu d'un jardin minuscule me rappelait que nous nous trouvions en Haute-Savoie.

* semblaient surveiller l'avenue

* type d'habitation en bois fréquent en montagne

51

Nous sommes passés devant une église en briques (...) Un peu plus loin, le cinéma se nommait le *Splendid.* Avec son fronton* beige sale et ses portes rouges à hublots*, il ressemblait à tous les cinémas que l'on remarque dans la banlieue, quand on traverse les avenues du Maréchal-de-Lattre-de-Tassigny, Jean-Jaurès ou du Maréchal-Leclerc, juste avant d'entrer dans Paris. Le *Splendid* affichait ce soir-là un film de notre enfance... et j'ai imaginé que nous prenions à la caisse deux mezzanines*. Je la connaissais depuis toujours, cette salle, je voyais ses fauteuils aux dossiers de bois et le panneau des publicités locales devant l'écran : Jean Chermoz, fleuriste, 22 rue Sommeiller. Lav net, 17 rue du Président Favre. Decouz, Radios, T.V., Hi-Fi, 23 avenue d'Allery... Les cafés se succédaient. Derrière les vitres du dernier, quatre jeunes garçons aux coiffures à crans*, jouaient au baby-foot*. Des tables vertes étaient disposées en plein air. Les consommateurs qui s'y tenaient ont considéré le chien avec intérêt. (...)

* partie surélevée de la façade

* fenêtre ronde, visible surtout sur les bateaux

* 2 places à l'étage

* aux cheveux ondulés

* (angl.) jeu imitant le football

* barrière en planches

* fête organisée par le curé

* chanteur alors à la mode

* qu'on lisait difficilement

* faisaient entendre un bruit léger

Nous avons longé sur près de cent mètres une palissade* de bois sombre. Des affiches de toutes sortes y étaient collées. Affiches du cinéma le *Splendid.* Affiches annonçant la fête paroissiale* et la venue du cirque Pinder. Tête à moitié déchirée de Luis Mariano*. Vieilles inscriptions à peine lisibles* : Libérez Henri Martin... Cœurs percés d'une flèche avec des initiales. On avait planté, à cet endroit-là, des lampadaires modernes en béton, légèrement recourbés. Ils projetaient sur la palissade l'ombre des platanes et de leurs feuillages qui bruissaient*

Patrick Modiano. *Villa triste* p. 115-118
Extraits N.R.F. Gallimard, 1976

EXPLOITATION DU TEXTE

I. Connaissance de la langue

A. Syntaxe

1. Les verbes pronominaux

a) Syntaxe et phonétique

— *Quelle est phonétiquement la différence entre les paires de verbes* se nommer/nommer, se trouver/trouver, se tenir/tenir, entre je me tiens/je tiens, tu te nommes/tu nommes?

— *Orthographier les paires de verbes suivantes :*
fεr/ɔfεr   lɔve/slave - apεrswar/sapεrswar - apəle/sapəle.

b) Certains verbes pronominaux n'ont pas de forme correspondante non pronominale :

> ex. s'enfuir/* (n'existe pas)
> mais se tenir/tenir
>
> *A l'aide du dictionnaire, vérifiez si les verbes suivants ont une forme non pronominale. Si oui, notez-la.*
>
> s'habiller   s'emparer   s'évanouir   se battre
>
> s'éveiller   se lever   s'occuper   se cacher

2. Le passé composé

a) Mettre les verbes pronominaux du texte au passé composé.

> ex. il se nommait ⟶ il s'est nommé

b) Faire de même pour les verbes de l'exercice 1b en variant le sujet du verbe .

> ex. je m'habille ⟶ je me suis habillé
> tu t'éveilles ⟶ . . . . .

c) Relevez les verbes du texte qui sont déjà au passé composé .

Classez-les en deux colonnes suivant qu'ils utilisent l'auxiliaire être ou avoir.
Dans quelle colonne classerez-vous les verbes pronominaux ?

B. Vocabulaire

1. Un quartier de banlieue

> Dans ce quartier modeste, quels édifices rencontre-t-on ?
> Quels édifices pourriez-vous trouver au cours d'une promenade dans un "beau quartier" proche du centre d'une grande ville ?

2. Rue, boulevard, avenue, ruelle, impasse :

> *à vous de distinguer ces différentes* **voies urbaines** *en mettant une croix dans les cases qui conviennent.*

voie	large	étroite	souvent plantée d'arbres	sans issue	parfois circulaire	(sans précision)
rue boulevard avenue ruelle impasse						

3. Petit lexique qui vous permettra d'aller au cinéma

Complétez les phrases suivantes à l'aide de mots trouvés dans le texte ou dans la liste ci-contre :

ouvreuse
balcon
parterre
orchestre
billets

Supposons que, tenté par les . . . ., vous ayez décidé d'aller voir un . . . . . A l'entrée du cinéma se trouve la . . . . où l'on vend les . . . . . Quelle place choisirez-vous ? Si vous aimez les positions élevées, vous irez au . . . . ou à la . . . . . Sinon, restez en bas au . . . . et prenez un fauteuil d'. . . . . N'oubliez pas en entrant dans la salle de donner votre ticket et un peu de monnaie à l'. . . . qui vous cherchera une place.

II. Techniques pour l'expression

La rédaction des adresses

a) Parmi les indications suivantes, lesquelles peuvent figurer sur une adresse postale ?

— Arthur Duval, plombier, 54 ans, associé de son patron Dufour, habite 42, rue des Tonnelles, la 3e villa à gauche, Nîmes.

— Jeanne Martin, mariée, 2 enfants, ménagère, locataire à la Résidence du Clocher, bâtiment C6, à Toulouse, chef-lieu de la Haute-Garonne.

b) Voici une adresse correctement disposée sur une enveloppe et comprenant les indications exigées par l'administration des Postes françaises **(PTT).**

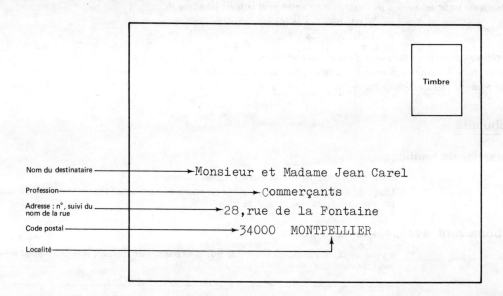

Nom du destinataire ⟶ Monsieur et Madame Jean Carel

Profession ⟶ Commerçants

Adresse : n°, suivi du nom de la rue ⟶ 28, rue de la Fontaine

Code postal ⟶ 34000   MONTPELLIER

Localité ⟶

Timbre

c) Rédigez, en respectant cette disposition, les adresses de Jean Chermoz, Lavnet, Decouz, *indiquées dans le texte (inventer la localité).*

d) Le texte vous donne **trois noms fréquents d'avenues ou de boulevards** *en France*

Imaginez que vous écriviez à des personnes qui y résident et inventez leur adresse complète.

15
L'UN OU L'AUTRE

I. Un accident

Un automobiliste roulait en ville à faible allure. à droite survint un cycliste qui traversa la rue sans avoir regardé l'automobiliste sentit le danger. le choc était inévitable, après. l'accident l'automobiliste dit le cycliste est un imprudent qui ignore tout du code de la route, les gendarmes me donneront raison on ne circule pas sans regarder à droite, j'avais la priorité les dégâts étaient seulement matériels heureusement l'automobiliste présenta ses papiers en règle les gendarmes l'interrogèrent, pour eux le responsable était bien celui qui n'avait pas respecté la priorité à droite le cycliste dit la police doit rester là encore un moment.

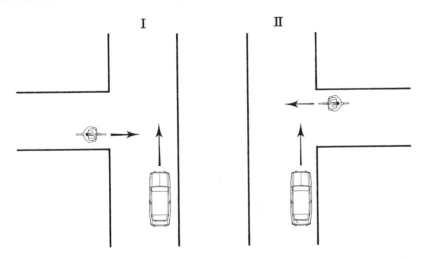

I   II

Ponctuez le texte :

a) de façon à ce qu'il corresponde au 1ᵉʳ schéma

> Dans ce cas, le cycliste a tort : il n'a pas respecté la priorité de l'automobiliste qui venait à sa droite.

b) de façon à ce qu'il corresponde au 2ᵉ schéma

> Dans ce cas, l'automobiliste a tort : il n'a pas respecté la priorité du cycliste qui venait à sa droite.

II. Lettre

Pierre,

Je veux que tu sois le premier à apprendre la vérité au sujet de mon prochain mariage avec Odile tout est fini entre nous tu aurais pu me dire plus tôt que tu l'aimais.

signé : Michel

Ponctuez cette lettre :

*a) de façon à ce qu'elle corresponde à l'annonce du **prochain mariage** de Michel avec Odile*

*b) de façon à ce qu'elle corresponde à l'annonce de **la rupture** de Michel avec Odile*

III. Des achats

J'ai acheté un peu de tout des carottes des salades vertes des tomates j'en avais assez des conserves de légumes de viande poisson enfin quelque chose de nouveau.

Ponctuez ce texte :

a) de façon à ce qu'il corresponde aux achats contenus dans le premier panier

b) de façon à ce qu'il corresponde aux achats contenus dans le deuxième panier

16
DEJEUNER DU MATIN

Il a mis le café
Dans la tasse
Il a mis le lait
Dans la tasse de café
Il a mis le sucre
Dans le café au lait
Avec la petite cuiller
Il a tourné
Il a bu le café au lait
Et il a reposé la tasse
Sans me parler
Il a allumé
Une cigarette
Il a fait des ronds
Avec la fumée
Il a mis les cendres

Dans le cendrier
Sans me parler
Sans me regarder
Il s'est levé
Il a mis
Son chapeau sur sa tête
Il a mis
Son manteau de pluie
Parce qu'il pleuvait
Et il est parti
Sous la pluie
Sans une parole
Sans me regarder
Et moi j'ai pris
Ma tête dans ma main
Et j'ai pleuré.

Jacques Prévert, *N.R.F., éd. Gallimard*
(paru aussi en livre de poche)

EXPLOITATION DU TEXTE

I. Connaissance de la langue

A. Syntaxe

1. Passé simple

Mettre tous les verbes qui sont à la 3e personne du singulier, au passé simple de l'indicatif.

2. Nominalisation

Sur le modèle : "sans parler ⟶ sans une parole",

faites les transformations :

sans regarder ⟶

sans sourire ⟶

sans rien regretter ⟶

sans rien dire ⟶

sans pleurer ⟶

Attention : pour les deux derniers, le nom n'est pas dérivé du verbe.

3. Ponctuation

L'absence de ponctuation est fréquente dans la poésie contemporaine. Retrouvez la ponctuation du poème.

B. Vocabulaire

Remplacez dans le poème "il a mis" par l'une des expressions suivantes :

Il a secoué - il a versé - il a laissé tomber - il a revêtu - il a posé - il a ajouté.

II. Techniques pour l'expression

1. Contre la volonté de l'auteur, **enrichissez** chaque phrase de **détails descriptifs,** après avoir éliminé les répétitions de "il a mis".

Exemple : "Il a mis le café dans la tasse" ⟶ Il a versé avec précaution le café brûlant dans la tasse ébréchée;...

2. Réflexion sur cette forme de poésie

Faut-il reprocher au poème la pauvreté et la banalité du vocabulaire? S'agit-il d'une recherche volontaire de la simplicité et du dépouillement? Si oui, dans quel but? pour traduire quelle impression?

17
COURRIER DU CŒUR

Marcelle Ségal

Kate

Il a 15 ans et moi 14. On se parlait souvent dans le préau*. Maintenant plus du tout. On rentre quelquefois ensemble mais j'ai l'impression qu'il ne s'intéresse pas à moi. Je l'adore. Comment savoir s'il m'aime ? Il ne parle jamais à d'autres filles. Je me demande si je ne suis pas trop collante*. Comment le savoir ?

*abri dans la cour de l'école

* fam. personne dont on ne peut se débarrasser

Quand vous rentrerez ensemble, qui, de vous deux, a rejoint l'autre ou l'a attendu sur son chemin ? Jamais lui ? toujours vous ? Alors, vous êtes un petit peu collante. Il faut lui laisser le choix de rentrer avec vous ou sans vous. Je ne vous dis pas de le fuir ou de lui faire la tête*. Il s'agit seulement de ne pas lui coller sur le dos votre étiquette, comme celle d'une marque de bière sur le dos d'un coureur cycliste. Les garçons de 15 ans n'aiment pas ça à moins d'être follement amoureux. Ce qui répond à votre première question. Vu ?

* montrer que l'on est fâché

Une lectrice perplexe

J'ai 30 ans. Depuis deux ans, j'aime un étudiant étranger de 25 ans. Pendant un an, nous nous sommes beaucoup écrit puis ses lettres se sont espacées. Quand je suis allée passer un week-end dans la ville où il étudie, il m'a consacré* tout son temps malgré son travail. Pour le remercier de son hospitalité, je lui ai envoyé de petits cadeaux et ma photo (il m'avait donné la sienne). Il a remercié mais sans mentionner la photo. Je lui ai téléphoné. Il a paru plus surpris que ravi*. Dois-je penser que je ne suis pour lui qu'une occasion de pratiquer le français ?

* accordé

* heureux

"Elle", 15 août 1976

EXPLOITATION DU TEXTE

I. Le vocabulaire des sentiments

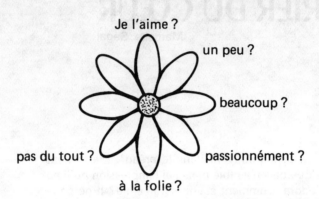

On effeuille la marguerite, pour l'interroger, en récitant à chaque pétale arraché : je l'aime?... un peu?... etc.

*Relevez dans la lettre de Kate et dans la réponse à cette lettre les mots et groupes de mots exprimant un **sentiment**.*

Comme dans le jeu de la marguerite, classez ces sentiments du plus faible au plus fort.

II. Techniques pour l'expression

1. Quelques mois plus tard, Kate écrit à nouveau :

— elle a suivi ou
— elle n'a pas suivi les conseils de Marcelle Ségal. Elle a d'autres questions à poser. Choisissez l'une ou l'autre hypothèse, imaginez et rédigez sa lettre.

2. Le garçon écrit :

"Elle a 14 ans et moi 15. On se parlait souvent dans le préau. Maintenant plus du tout. Elle m'ennuie. J'évite de rentrer avec elle. Mais elle m'attend tous les jours. Comment lui faire comprendre que je ne l'aime pas? Comment m'en débarrasser? Elle est vraiment collante." Rédigez la réponse.

3. Rédigez **la réponse à cette lectrice perplexe** amoureuse d'un étudiant étranger.
4. Rédigez **l'une des lettres que cette lectrice a adressée** à cet étudiant étranger.
5. Rédigez la **réponse de l'étudiant** après la réception des cadeaux et de la photo.

18
ROMAN - PHOTOS

I. Carole et Gérard

Il s'agit d'une scène de jalousie, provoquée par un mot malheureux de Carole.

Changeons de situation : Scène de rupture entre Carole et Gérard. Carole n'aime plus Gérard et veut le quitter. Gérard essaie de la retenir. Rédigez les dialogues possibles pour chaque photo.

Salut, Carole ! En quel honneur viens-tu me voir à l'improviste ?

Pourrais-tu me prêter ta voiture ? J'ai une course à faire...

Bien sûr ! Prends-la au parking, les clefs sont dessus ! Moi, j'ai des leçons jusqu'à ce soir...

Et je parie que les élèves sont de jolies filles ! Attention, je pourrais être jalouse..

ELLE VOULAIT PLAISANTER MAIS ELLE AVAIT TOUCHÉ GÉRARD AU POINT SENSIBLE.

Cela te va bien d'évoquer ce sujet ! N'es-tu pas la journaliste la plus courtisée de la ville ?

Et comme par hasard, tes articles concernent toujours les hommes, beaux, célèbres et riches ! Comme ce jeune magistrat...

Assez, Gérard ! Tu sais bien que j'ai fait plusieurs articles sur des procès.

À présent, c'est terminé et tu m'as promis de ne pas revoir André Forel ! Prends garde !

N'y pense plus ! Je fais ma course et je rentre au journal... j'ai un travail fou !

II. Véra et Renaud

1e Situation :

Véra ne parvient pas à s'endormir et absorbe un somnifère (5 premières photos). Avant de se recoucher, elle écrit une lettre à Renaud qui veut la quitter. On lui apporte la lettre de rupture de Renaud. Véra se suicide.

Rédigez : les monologues de Véra, sa lettre et celle de Renaud. Les cases grisées sont pour les explications du narrateur.

2e Situation :

Véra craint d'être atteinte d'une très grave maladie. Elle ne parvient à s'endormir...

Elle écrit une dernière note sur son journal intime. C'est alors qu'elle reçoit une lettre de son médecin qui la rassure. Elle déchire la dernière page de son journal. Elle souhaite maintenant oublier ces dernières heures passées dans l'angoisse.

a) Rédigez : les monologues de Véra, la note écrite sur son journal et la lettre qu'elle reçoit.

b) Imaginez : une autre situation que vous résumerez. Puis *rédigez* les textes correspondants.

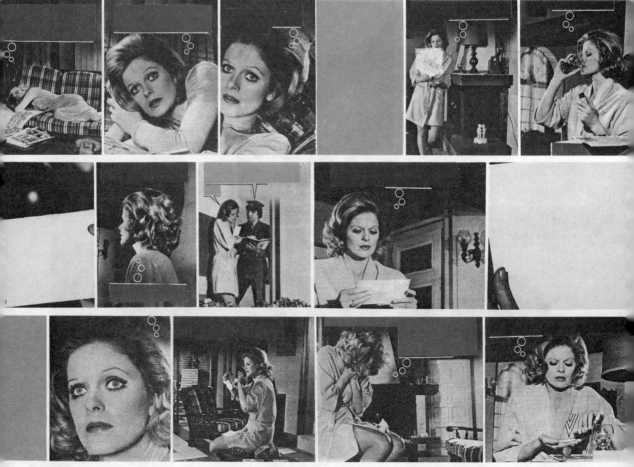

III. Daniel et Nathalie

1e **Situation** : Daniel et Nathalie parlent de l'avenir... Imaginez.

2e **Situation** : Daniel et Nathalie parlent du passé... Imaginez.

Extrait de *"Nous Deux"*.

19

PAR ASTRADAMUS

Le Courrier des Astres

PRÉVISIONS DE LA SEMAINE POUR CHAQUE SIGNE DU ZODIAQUE

BELIER 1er Décan (21-31 mars). — Vous allez, cette semaine, faire preuve d'originalité. Vos contacts seront favorisés et vous trouverez sans peine des personnes prêtes à vous soutenir dans vos projets les plus audacieux ; il est vrai que la façon dont vous avez su les préparer inspire confiance.

2e Décan (1er-10 avril). — Vous êtes dans un climat qui pourrait vous faire vivre des heures difficiles. Vous risquez d'être entraînée à prononcer des paroles vives que vous regretterez par la suite. Evitez les querelles et fuyez les discussions, en restant dans un domaine où vous resterez neutre.

3e Décan (11-20 avril). — Toutes les conditions sont réunies pour vous apporter efficacité et réussite. Vous n'aurez aucun mal à parvenir à vos buts, tout ce que vous entreprendrez cette semaine réussira. Mais gardez-vous de l'ivresse du succès, sachez rester modeste et persévérez dans votre effort.

BALANCE 1er Décan (24 sept.-3 oct.). — Votre ingéniosité fera ses preuves dans le domaine financier et surtout dans les problèmes délicats que vous aurez probablement à démêler. Vous jugerez avec lucidité une situation que certains auront compliquée par leurs réactions émotives. Les questions sentimentales se placent sous un bon climat.

3e Décan (13-22 juil.). — Cette semaine menace de vous apporter divers motifs d'irritation. Retards, contretemps, viendront troubler votre travail. Vous vous efforcerez de garder vore calme pour ne pas aggraver une situation déjà tendue. Côté cœur, il y a aussi des risques d'incompréhension.

3e Décan (13-22 nov.). — Des conditions défavorables menacent de créer des complications dans vos rapports humains. Vous manquerez de tolérance et de compréhension, et certaines personnes vous marqueront de la froideur. Ne vous obstinez pas dans une attitude qui ne peut que vous nuire.

3e Décan (13-21 juin). — Des conditions particulièrement favorables vous inciteront à approfondir les projets que vous avez su élaborer patiemment. Persévérez dans vos entreprises, vous êtes dans une voie excellente pour affermir votre autorité et cueillir les succès que vous avez bien mérités.

Extrait de *"Nous Deux"*, Avril 1976.

HOROSCOPE PAR FRANCESCO WALDNER

SEMAINE DU 6 AU 12 AOUT

VERSEAU

(21 janvier-18 fév.) Uranus et Saturne

CŒUR. Sautes d'humeur, insatisfaction... Tout dépend de votre comportement. Soyez indulgents. Vos amis vous donneront des preuves de loyauté. Les relations sociales ne vous attirent pas beaucoup. Vous préférez la solitude, la lecture... Un voyage vous ferait du bien. En famille montrez-vous conciliants. Recherchez la compagnie du Bélier. SANTE. Faites du sport. VIE SOCIALE. Fatigant, le travail, mais pas préoccupant. Laissez mûrir les décisions, les satisfactions ne tarderont pas. Faites le strict nécessaire sans attacher d'importance aux petits ennuis de tous les jours. MON CONSEIL. Ne refusez pas les invitations, vous pourrez établir des rapports intéressants.

TAUREAU

(21 avril-21 mai) Vénus

CŒUR. Vous passerez une excellente semaine avec l'être cher. Les rapports récemment noués se stabilisent. C'est le moment de réaliser vos projets personnels, vous serez plus entreprenants, plus enthousiastes, très sociables. Un voyage, si bref soit-il, vous permettrait de faire de nouvelles connaissances agréables. Compréhension en famille et avec la Vierge. SANTE. Bonne. Mais soyez prudents et faites preuve de modération. VIE SOCIALE. Vous viendrez à bout de toutes les difficultés et vous pourrez même faire des projets de vaste portée à réaliser un peu plus tard. Finances favorisées. MON CONSEIL. Eloignez-vous des personnes qui vous irritent.

LION

(23 juillet-23 août) Soleil

CŒUR. Vous ne vous sentez pas satisfaits ? Ça ne durera pas. Montrez-vous patients et tolérants. Revoyez vos amis, acceptez leurs propositions et ne négligez pas vos relations sociales. Intéressez-vous aux problèmes de la maison. Accord parfait avec la Balance. SANTE. Reposez-vous. VIE SOCIALE. Vos progrès ne seront pas fulgurants mais les choses ne tarderont pas à s'arranger. Faites preuve d'application et ne sous-estimez pas vos possibilités pas plus que les éventuelles difficultés. MON CONSEIL. Chassez vos idées noires, établissez un programme de loisirs, préférez la compagnie des personnes avec qui vous avez des affinités.

Extrait de *"Elle"*.

EXPLOITATION DU TEXTE

I. Connaissance de la langue

A. Vocabulaire et syntaxe

1. L'expression d'un futur certain

Relevez et classez dans le tableau suivant les expressions d'un futur certain.

Expressions utilisant le verbe aller	Verbes au futur simple	Verbes au présent (valeur de futur)	Autres procédés

2. Même exercice pour l'expression d'un **futur hypothétique**

Expressions utilisant le verbe pouvoir	le verbe risquer	Autres procédés

3. Même exercice pour l'expression d'un **conseil**

Expressions dont le verbe

est à l'impératif	au futur	au conditionnel présent

B. Vocabulaire

Constituez votre lexique du parfait astrologue

1. Relevez tout le vocabulaire que vous pourrez classer sous les titres suivants :

    — Un avenir sombre
    — Un avenir heureux

2. Relevez dans les horoscopes les mots de sens contraire à :

(Adjectifs) : favorable; facile; long; orgueilleux; timide; partisan; imprudent; intolérant; lent; détendu.

(Noms) : banalité; échec; compréhension; méfiance; inefficacité; bêtise; aveuglement; intolérance; chaleur; satisfaction; déloyauté.

(Verbes) : se décourager; embrouiller; perdre son calme; améliorer; affaiblir; repousser; amuser.

3. Les relations avec les autres

Quels sont les différents types de relation évoqués dans ces horoscopes ? ex. les contacts, les querelles...

Avec les autres, on peut être : tolérant...

Cherchez dans les horoscopes d'autres adjectifs possibles.

4. Face à l'avenir, on peut être : lucide...

Cherchez dans les horoscopes d'autres adjectifs possibles.

Vous pouvez aussi former des adjectifs à partir de certains mots du texte; ex. "persévérez" > persévérant.

II. Techniques pour l'expression

1. Rédigez deux horoscopes selon le plan suivant :

— les prédictions (3 phrases au futur)
— les conseils (phrases à l'impératif)
L'un de ces horoscopes sera favorable et l'autre défavorable.

2. Rédigez un autre horoscope en distinguant les rubriques suivantes :

— cœur
— santé
— vie sociale
— conseil

Vos prédictions seront tantôt assurées tantôt incertaines.

Remarque : pour ces différents exercices, vous utiliserez le vocabulaire fourni par les textes et par l'exercice B. Voc. 1.2.3.4.

20
POURQUOI TU PLEURES?

Mets ton manteau! Où sont tes bottes? Va chercher tes bottes! Si tu ne trouves pas tes bottes, tu auras une baffe*! Et on restera à la maison! Tu veux qu'on reste à la maison? Tu sais, moi, je n'ai aucune envie de sortir, surtout par ce temps. Et j'ai plein de choses à faire à la maison, plein.

    Non, bien sûr, tu ne veux pas rester à la maison... Alors, va chercher tes bottes! Bon, ça y est? Tu es prêt? Je vais mettre mon manteau et on part. N'ouvre pas la porte! Tu vois bien que je ne suis pas prête, non? Bon,

* (fam.) gifle

"Pourquoi tu pleures"

allons-y. Où sont mes clés ? Tu ne les a pas vues, par hasard ? Elles étaient sur la table, j'en suis sûre. Ah non ! je les ai. Allons-y. Donne-moi la main.

Quel temps ! Ne parle pas sinon tu vas prendre froid à la gorge et on appellera le docteur. Tu n'as pas envie qu'on appelle le docteur, n'est-ce-pas ? Alors, tais-toi. Et marche plus vite ! On n'a pas beaucoup de temps. Laisse cette ficelle ! Je t'ai dit cinquante fois de ne rien ramasser par terre. C'est plein de microbes*. Tu tomberas malade et on appellera le docteur. Je te donnerai un bout de ficelle à la maison, si tu es gentil, bien sûr.

* tout petits organismes pouvant être la cause de diverses maladies

Ne traîne pas les pieds comme ça ! Tu es fatigué ou quoi ? Quand on est fatigué, on reste à la maison. Tu n'avais qu'à ne pas me demander de sortir. J'ai plein de choses à faire à la maison, plein ! Qu'est-ce que tu veux encore ? Un pain au chocolat ? Je t'en achèterai un au retour, si tu es sage. Et ne marche pas dans les flaques d'eau ! On dirait que tu le fais exprès, ma parole !

Allez, va jouer maintenant. Moi, je reste ici. Ne va pas trop loin, hein ! Je veux te voir. Ne te roule pas comme ça dans le sable ! Tu vas te faire mal. Et puis je n'ai pas envie de passer ma vie à nettoyer tes vêtements ; j'ai assez de travail comme ça. Où tu as trouvé ce ballon ? Rends-le au petit garçon ! Rends-lui son ballon tout de suite ! Excusez-le, madame, il ne s'amuse qu'avec les jouets des autres. Joue un peu avec ta pelle et ton seau. Tu as perdu ta pelle ? Elle doit être dans le sable, cherche. Une pelle, ça ne disparaît pas comme ça. Mais cherche ! Comment veux-tu la trouver si tu ne cherches pas ! Tu n'as pas besoin de te coucher par terre pour chercher ! Qu'est-ce que tu as trouvé là ? Montre ! C'est dégoûtant, dégoûtant ! Jette-le tout de suite ! Il n'y a rien de plus dégoûtant qu'un ver de terre.

(...) Allez, allons-y. Tu vois, le petit garçon s'en va aussi avec sa maman. Au revoir, madame. Viens je te dis ! Tu n'entends pas ? Eh bien, tu ne l'auras pas ton pain au chocolat ! Regarde dans quel état tu as mis tes vêtements ! Allez, donne-moi la main. Et tiens-toi droit ! Marche plus vite, on n'a pas de temps à perdre. Qu'est-ce que tu as à pleurnicher* encore ? Bon, je te l'achèterai ton pain au chocolat.

* pleurer à petits coups

Un pain au chocolat, s'il vous plaît, madame. Merci, madame. Ne le tiens pas comme ça, tu salis ton manteau, tu auras une baffe ! Et je le dirai à ton père ! Il ne va pas être content du tout. Et tu sais comment il est, quand il se met en colère.

Je t'ai déjà dit de ne jamais appuyer sur le bouton de l'ascenseur ! Bon, enlève tes bottes, je ne veux pas que tu mettes du sable dans toute la maison. Enlève-les immédiatement ! Pourquoi tu pleures ? Qu'est-ce que tu as ? On a été se promener, comme tu voulais, je t'ai acheté ton pain au chocolat, et au lieu d'être content tu pleures ! Il va me rendre folle cet enfant.

Vassilis Alexakis
"Le Monde", 11-12 avril 1976

EXPLOITATION DU TEXTE

I. Connaissance de la langue

A. Intonation

1. La phrase impérative

Schéma proposé :

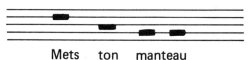

Mets   ton   manteau

N'ouvre   pas   la   porte

Prononcer les phrases suivantes :

- Va chercher tes bottes !
- Donne-moi la main !
- Ne traîne pas les pieds !
- Ne mets pas tes doigts dans le nez !

- Enlève tes bottes !
- Tais-toi !
- Viens ici !
- Donnez-moi un pain, s'il vous plaît !

2. Expression de l'agacement

Schéma proposé :

Ne traîne pas les pieds comme ça

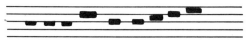

Enlève- les immédiatement

Prononcer les phrases suivantes :

- Ne te couche pas comme ça !
- Donne-moi ça tout de suite !
- Ne crie donc pas comme ça !

- Rends-lui son ballon tout de suite !
- Réponds immédiatement !

B. Syntaxe. L'ordre et la défense

1. Révision de l'impératif

Transformez les ordres suivants en les adressant :

a) à un groupe de personnes

*b) à un groupe de personnes dont vous faites partie,
puis en les mettant à la forme négative*

ex. Mets ton manteau

a) mettez votre manteau
b) mettons notre manteau
c) ne mets pas ton manteau

- Ouvre la porte
- Marche plus vite
- Laisse cette ficelle

- Prends ton mouchoir
- Enlève tes bottes
- Fais tes devoirs

2. Deux expressions syntaxiques de l'ordre

Texte : Viens, je te dis   Je te dis de venir

Sur ce modèle, transformer les phrases suivantes :

a) Mets ton manteau, je te dis
   Va chercher tes bottes, je te dis
   Cherche ta pelle, je te dis
   Enlève tes bottes, je te dis
   Rends ce ballon, je te dis

b) Je te dis d'ouvrir la porte
   Je te dis de ne pas ouvrir la porte
   Je te dis de ramasser ça
   Je te dis de ne rien ramasser
   Je te dis de rentrer

3. Impératif et pronoms compléments

Rends ce ballon au petit garçon !

1re transf. Rends-le au petit garçon !

2e transf. Rends-lui ce ballon !

3e transf. Rends-le lui !

Sur le modèle ci-dessus, opérer pour chaque phrase les 3 transformations :

Donne la balle à Papa ! Rends les jouets à la fillette !
Demande la permission à tes parents.

C. Vocabulaire

1. Autour du mot ''temps''

Relevez et classez les expressions du texte utilisant le mot ''temps''

Temps =   Temps =

ex. Par ce temps !   Je n'ai pas le temps !

En connaissez-vous d'autres ?

2. Un verbe passe-partout : mettre

a) *Mettre peut être remplacé par un verbe plus précis :*

ex. Mets ton manteau = Enfile (ou endosse) ton manteau

Dans le tableau ci-dessous, remplacer ''mettre'' par l'un des verbes suivants :

placer - coudre - installer - poser - allumer - inscrire - introduire

Mettre le chauffage	Mettre quelqu'un quelque part	Mettre de l'argent à la banque	Mettre son nom sur...	Mettre un bouton à...	Mettre la clef dans...	Mettre un livre sur...

b) Le groupe ''mettre + GN'' peut être remplacé par un verbe :

ex. Il se met en colère = il s'emporte.

Compléter le tableau :

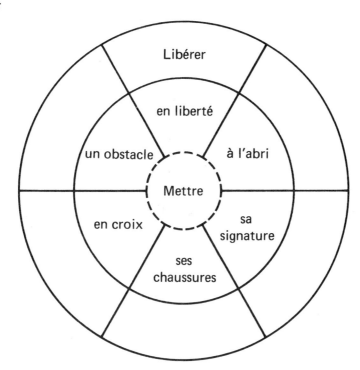

c) Connaissez-vous le sens des expressions familières que voici?

- Mettre de l'eau dans son vin = s'adoucir, rabaisser ses prétentions
- Mettre l'eau à la bouche
- En mettre plein la vue
- Se mettre dans de beaux draps
- Se mettre quelqu'un à dos
- Mettre les points sur les ''i''

II. Techniques pour l'expression

1. Langage familier

a) Certaines des expressions ci-dessous relevées dans le texte et caractéristiques du langage familial sont simplement familières, d'autres marquent l'insistance ou l'agacement.

Mettez une croix dans toute case qui convient.

	Familiarité	Insistance	Agacement
ex. J'ai plein de choses à faire	+		
J'ai plein de choses à faire, plein Tu ne les a pas vues, par hasard? Je t'ai dit cinquante fois... Tu es fatigué ou quoi? Tu le fais exprès, ma parole! Allez, va jouer! Bon, allons-y Je n'ai pas envie de passer ma vie On a été se promener			

b) Employez quelques-unes de ces expressions dans un paragraphe qui pourrait prendre place entre les § 5 et 6 sur le thème : "On va bientôt partir".

2. Du monologue au récit et au dialogue

a) Vous étiez *témoin* de cette scène : racontez-la.

b) *L'enfant lui aussi parle :* imaginez ses paroles en vous aidant des indications contenues dans les § 2.3.4.

c) Inventez le *dialogue* possible entre les deux mères de famille au jardin (§ 5).

3. Réflexion autour d'un thème

L'éducation des jeunes enfants (autorité, interdictions, libéralisme).

21
INTERVIEW (extrait)

L'Express : Y a-t-il trop d'étudiants ?

Mme Saunier-Seité : Trop ? Non, s'ils viennent à l'Université pour poursuivre des études désintéressées, une promotion culturelle. Trop ? Oui, si les étudiants veulent être assurés d'une situation de cadre supérieur à la sortie. Il y a 800 000 étudiants en France, il n'y a pas 800 000 emplois de HAUT niveau à leur offrir.

Interview de Mme Saunier-Seité,
Secrétaire d'Etat aux Universités

''L'Express'', n° 1283
9-15 février 1976

Jeux de rôles

I. Des interviews

1. Interview du secrétaire d'État aux Universités

> Le professeur ou un étudiant tiendra le rôle du Secrétaire d'État, les autres étudiants par groupes seront les journalistes de ''L'Express'', et poseront les questions qu'ils auront préparées par écrit.
>
> Ex. ''Comment allez-vous sélectionner les étudiants qui se destinent à être les cadres de la nation ?'' (Extrait de la même interview.)

2. Interview d'un chanteur célèbre

> Un grand chanteur vient d'annoncer qu'il abandonnait la chanson. Il est interrogé sur les motifs de sa décision et sur ses projets.

3. Interview d'un romancier

> Un romancier vient d'obtenir un grand prix littéraire. Il est interrogé par des journalistes sur sa vie et sur son œuvre.
>
> Après l'échec de sa tentative pour battre le record du nombre d'œufs avalés en une heure, *le héros de cet exploit* stupide et raté répond aux questions des journalistes.

II. Conférence de presse

> Un célèbre avocat vient d'obtenir l'acquittement de son client accusé de meurtre. Il organise après le procès une conférence de presse. Lui et son client répondent aux questions des journalistes.

22
VIOLENCE ET FAITS DIVERS

Qu'est-ce qui subit, d'année en année, une hausse comparable à celle des prix? La réponse est simple : la violence. La Terre devient de plus en plus sûrement la planète Terreur, et le progrès technique débouche avec une vertigineuse régularité* sur la démence, la hargne, le goût du risque et du meurtre*. Si l'escalade continue..., voici quels seront les faits divers très quotidiens que pourra nous offrir en toute innocence la presse du futur.

* régularité qui donne le vertige

* pour ces mots, cf. qu. de voc.

BRUXELLES. — Une préposée aux toilettes boucle depuis quatre jours déjà un important P.D.G.* dans le sous-sol d'un grand restaurant de la capitale. Elle réclame une somme de 10 millions pour lui ouvrir la porte et le libérer.

* cf. sigles

AMSTERDAM. — Des hommes du Front de libération des îles de la Sonde ont détourné ce matin un tramway rempli de salariés qui se rendaient au travail. Les terroristes* ont embarqué le tramway sur un radeau et cinglent*, par la mer du Nord, vers une destination inconnue. Ils n'ont pas encore fait connaître leurs revendications.

* ceux qui tentent d'obtenir un résultat politique par la violence

* font route

MONTPELLIER. — Pour protester contre les importations de vin étranger, les viticulteurs du Languedoc ont inondé la ville de Montpellier sous un véritable torrent de vin. On ne connaît pas encore le nombre exact des noyés, mais il semble dépasser les dix mille.

PARIS. — Pour se venger des inspecteurs des contributions qui voulaient connaître leurs revenus exacts, deux directeurs de société mettent le feu en plein jour au bureau de perception* de leur arrondissement. Les pompiers ont retiré trente corps des décombres.

* bureau des impôts

FRANCFORT. — L'Allemagne a toujours été un des hauts lieux* de la discipline et du travail. Dans la seule ville de Francfort, dix mille employés ont été fusillés, cette année, pour être arrivés plus de deux fois dans le mois en retard au bureau.

* un des endroits les plus célèbres pour...

LONDRES. — On recherche toujours la jeune femme qui, abandonnée par son amant déjà marié, poignarde systématiquement* toutes les femmes blondes et mariées qu'elle peut rencontrer. On évalue à plus de cent vingt déjà le nombre de ses victimes.

* tue avec un couteau toutes... sans exception

PARIS. — L'agitation gagne les tout-petits. On prévoit des troubles graves dans une école maternelle du quatorzième arrondissement. Les enfants se sont barricadés derrière un mur de chaises, de tables, de jeux de cubes.

et, malgré les injonctions* des maîtresses, ils refusent d'évacuer les lieux*. Trois unités de C.R.S.*, appuyés par des éléments de la quatrième division blindée*, se dirigent vers l'école.

* les ordres

* de s'en aller
* cf. sigles
* militaires avec chars d'assaut

MARSEILLE. — Constatant avec rage que sa voiture refusait de démarrer, affolé à la pensée de passer la journée sans auto, un courtier* en vins a abattu à bout portant* un autre automobiliste pour lui voler sa voiture. Démarrant en trombe, il a balayé au passage un groupe d'enfants pour emboutir, 200 mètres plus loin, un autobus qui a défoncé la façade d'un grand magasin. Bilan : quatre-vingt morts en tout.

* cf. se loger à Paris

* de très près

extraits de "Seigneur, délivrez-nous du bien"
de Jacques Sternberg,
"Le Monde", 15-16 février 1976

EXPLOITATION DU TEXTE

I. Connaissance de la langue

A. Phonétique. Le son [ɔ̃]. Problèmes de graphies

1. -On- ou -Om- ?

— Relevez dans le texte les mots où le son [ɔ̃] s'écrit -om-. Comparez avec les mots où il s'écrit -on-. Dégagez la règle.
— Orthographiez les mots suivants :

[mɔ̃d] - [sɔ̃br] - [kɔ̃pare] - [bɔ̃b] - [kɔ̃t] ⟶ (2 solutions)

2. "On" ou "ont" ? Deux homophones

— Les pompiers ont retiré trente corps
— On recherche la jeune femme
Quel [ɔ̃] pouvez-vous remplacer par le verbe avoir à un autre temps ?
Quel [ɔ̃] pouvez-vous remplacer par un nom ?

Écrivez on *ou* ont *à la place des points :*

Les terroristes .... détourné l'avion. Ils .... des armes. .... se demande quelles seront leurs exigences. .... est sans nouvelles des passagers.

B. Syntaxe

1. Les emplois de "pour"

But	Il mange pour grossir.
Cause	Il a été renvoyé pour incapacité.
Conséquence	Il va trop vite pour contrôler sa voiture.

Relevez les expressions du texte contenant "pour" et classez-les selon qu'elles expriment l'une des trois relations ci-dessus.

2. Le passif incomplet. Valeur stylistique

Ex. (1) L'os est rongé par le chien

Voix active :
Le chien ronge l'os

↓
responsable désigné

(2) La fleur est arrachée : par qui ? plusieurs réponses possibles :
— on ne sait pas; par le vent; par l'enfant; par le chien...; on ne veut pas le dire.

a) Relevez dans le texte des exemples de la construction (2)

b) Mettez (2) à la voix active

Le sujet est-il précisé ? Que faut-il écrire pour respecter l'anonymat de l'auteur ?

c) Tournez - à la voix active

10 000 prisonniers ont été fusillés. Les employés du métro sont immobilisés.

- *à la voix passive*

On recherche toujours la jeune femme. On ne connaît pas le nombre exact des noyés. On évalue le nombre des victimes à plus de 120.

3. Que signifie "on" ?

Reliez par une flèche les phrases à l'explication de "on" qui convient :

- On prévoit des troubles graves
- Alors, petit, on rentre en retard ?
- Chez moi, le soir, on regarde en famille la télévision
- Eh bien, mon cher ami, on monte en grade ? Vous m'aviez caché cela !
- Bonjour, comment allez-vous ? A peu près bien, merci. On n'a plus 20 ans !

- On = Nous (fam)
- On = Vous
- On = Je
- On = x ˆ
- On = Tu

Quel est le sens des "on" du texte ?

C. Vocabulaire : la violence

1. Les degrés de la violence

a) **violence collective**

Classer par ordre d'intensité croissante : troubles; terrorisme; agitation; revendication; protestation; réclamation.

b) **violence individuelle**

Mettre une croix dans la case contenant une idée qui fait partie du mot étudié :

	brutalité	agressivité	audace	folie	mort
violence	+	+			
démence					
hargne					
goût du risque					
meurtre					

2. Les différentes manifestations de la violence :

relevez-les dans le texte. Exemple : Amsterdam - détournement (ici de tramway)
- prise d'otages

TITRES

DANS LA RÉGION DE ZAGREB

DEUX AVIONS

UN ANGLAIS, UN YOUGOSLAVE

SE TÉLESCOPENT EN PLEIN VOL : 176 MORTS

CIRCULATION

PRÈS DE GRENOBLE ET DE STRASBOURG

Manifestations contre l'installation de postes de péage

A LA DEMANDE DU SECRÉTAIRE D'ÉTAT

UN TÊTE-A-TÊTE KISSINGER-GISCARD

MARDI A L'ÉLYSÉE

SOCIAL

PARIS : LES OTAGES DU METRO :

Prisonniers sous terre depuis quinze jours !

Rançon demandée par les conducteurs du train : une prime mensuelle de 50 F !

VIKING : DÉCEPTION ET ESPOIR

— Résultats faussés pour le premier engin
— Le second « opérationnel » après une alerte

SOCIAL

EN CORREZE : TROIS MILLE PATRONS DANS LE MAQUIS

Clermont-Ferrand menacé ? Rassemblement important dè CRS à Brive.

FINANCE

Franc : le problème n° 1

Entraîné par la livre, le franc glisse par rapport au mark. Pour le gouvernement, une seule arme : la discipline.

II. Techniques pour l'expression

Le fait divers

1. A quelle **rubrique** d'un journal se rattachent les types de violence trouvés en C2?
Rubriques : Politique - Économie - Social - Éducation - Circulation

2. Le style du fait divers

a) La partie *Grammaire* a permis de dégager deux caractères de ce style. - Lesquels?

b) Trouvez-en d'autres :

— quels sont les *temps* les plus employés?
— Marseille : découpez la phrase en tâchant de retrouver le schéma : causes de l'événement - le fait - les résultats.

c) Ce texte-ci est humoristique :

à quoi le voyez-vous?

3. Les titres : examinez la page d'illustration.

Que remarquez-vous sur :
— la grosseur des lettres (caractères)?
— la disposition des mots?
— la syntaxe du message?
— le choix des mots?

4. A partir de cet examen et de l'analyse faite en C2 et II-1, fabriquer les titres correspondant aux articles du texte.

5. Exercice inverse :

rédigez, avec ou sans humour, les articles correspondant à un ou plusieurs des titres de la page d'illustration.

6. Inventez, vous aussi, des faits divers :

sur le thème de la violence ou sur d'autres thèmes (pollution...).

23
ON NE VOIT PAS
LE TEMPS PASSER

On se marie tôt à vingt ans,
Et l'on n'attend pas des années
Pour faire trois ou quatre enfants
Qui vous occupent vos journées.
Entre les courses et la vaisselle,
Entre* ménage et* déjeuner,
Le monde peut battre de l'aile*
On n'a pas le temps d'y penser.

* entre le ménage et la préparation des repas

* être en difficulté

Faut-il pleurer?
Faut-il en rire?
Fait-elle* envie
Ou bien pitié?
Je n'ai pas le cœur* à le dire.
On ne voit pas le temps passer.

* cette femme, sa vie

* le courage de...

Une odeur de café qui fume :
Et voilà tout son univers.
Les enfants jouent, le mari fume,
Les jours s'écoulent à l'envers.
A peine voit-on les enfants naître,
Il faut déjà les embrasser*
Et l'on n'étend plus aux fenêtres
Qu'une jeunesse à repasser*.

* qu'il faut déjà les quitter

* froissée

Faut-il pleurer?
Faut-il en rire?

Fait-elle envie

Ou bien pitié?

Je n'ai pas le cœur à le dire.

On ne voit pas le temps passer.

Elle n'a vu dans les dimanches

* qui vient d'être repassé   Qu'un costume frais repassé*

Quelques fleurs ou bien quelques branches

Décorant la salle à manger.

Quand toute une vie se résume

* ridicules, insignifiants   En millions de pas dérisoires*

* comme entre marteau et
enclume   Prise comme* marteau et enclume

Entre une table et une armoire,

Faut-il pleurer?

Faut-il en rire?

Fait-elle envie

Ou bien pitié?

Je n'ai pas le cœur à le dire.

On ne voit pas le temps passer.

Paroles et musique de Jean Ferrat.

© *1965 by Ed. Gérard Meys*

10, rue St-Florentin, Paris

EXPLOITATION DU TEXTE

I. Connaissance de la langue

A. Phonétique : l'opposition f/v

1. Écoutez et répétez les phrases suivantes :

[f] Il y a fort à faire dans la maison. Il faut tout faire. La femme au foyer fait le ménage, elle fait les courses, elle fait la cuisine. Elle est aussi l'infirmière des enfants malades.

[v] La vaisselle, voyez-vous, est une vraie corvée. Les va-et-vient dans la maison, tout ce travail vous occupent vos journées; vous n'avez plus de temps pour vous. Vous vieillissez sans vous en rendre compte. Vos vingt ans sont vite envolés.

[f/v] Peut-être, un peu de vin fin les jours de fête.

Cette vie de fou fera de vous très vite une vieille femme. Cet enfer dure toute votre vie. Et contre ce monde à l'envers vous ne vous révoltez pas?

Relevez les termes qui s'opposent phonétiquement par les sons f/v

2. Retrouvez **le mot** qui s'oppose phonétiquement au mot proposé sur la base de cette opposition f/v :

ex. il faut/il vaut   frais/vrai
    .... /vingt   fois / ....
fou / ....   enfer/ ....
    .... /vu   .... /vont
souffrir/ ...

B. Vocabulaire

1. Les valeurs d'emploi de "entre"

Marquez d'une croix les valeurs d'emploi de "entre" correspondant aux phrases, dans le tableau suivant :

Phrases	Valeurs d'emploi			
	pour un intervalle dans l'espace	pour un intervalle de temps	= parmi au milieu	pour une comparaison
Il y a la place d'une chaise entre la table et l'armoire.				
Rendez-vous entre midi et deux heures.				
Elle est heureuse entre tous ses enfants.				
Entre tous ses enfants, elle préfère le plus petit.				

Remarque   voir les différentes valeurs d'emploi de l'expression *"entre nous"* dans l'exercice de ponctuation "L'un ou l'autre" : "Tout est fini entre nous". (= réciproquement) - "Entre nous, tu aurais pu me dire plus tôt que tu l'aimais". (= dans l'intimité).

2. Les différents sens du mot "cœur"

Marquez d'une croix les sens du mot cœur *correspondant aux phrases du tableau suivant :*

	le courage	la bonté	le centre	le milieu
Je n'ai pas le cœur à le dire.				
Cet homme a un cœur d'or.				
Il habite le cœur de la ville.				
La scène se passe au cœur de l'hiver.				
Il n'a pas le cœur à l'ouvrage.				

II. Techniques pour l'expression

La femme au foyer

1. Complétez le tableau suivant : une matinée

Elle se lève, ..., ..., ..., ..., ..., ..., . . .

2. La femme au foyer fait le travail :

d'une cuisinière, d'une blanchisseuse, d'une femme de ménage, d'une secrétaire, d'une infirmière, d'une répétitrice. Quelles sont les activités correspondant à ces professions ? ex. Une cuisinière prépare les repas.

3. **Débat :**

Pour ou Contre "la femme au foyer" ?
Est-ce un esclavage ? Est-ce une profession ? Est-ce la seule fonction de la femme ?

24
LE MESSAGE

La porte que quelqu'un a ouverte
La porte que quelqu'un a refermée
La chaise où quelqu'un s'est assis
Le chat que quelqu'un a caressé
Le fruit que quelqu'un a mordu
La lettre que quelqu'un a lue
La chaise que quelqu'un a renversée
La porte que quelqu'un a ouverte
La route où quelqu'un court encore
Le bois que quelqu'un traverse
La rivière où quelqu'un se jette
L'hôpital où quelqu'un est mort.

Jacques Prévert. *Paroles, N.R.F., éd. Gallimard*
(paru aussi en livre de poche)

EXPLOITATION DU TEXTE

I. Connaissance de la langue

A. Phonétique : l'opposition s/ʃ

Écoutez et répétez les phrases suivantes :

[s] : Il s'est assis sur son siège. Il a resserré sa ceinture et il s'appuie contre le dossier couvert de tissu.

[ʃ] : Le chat est perché sur la branche. Le chien, lui, est caché près de la cheminée, au chaud, et mâchonne une bûche.

s/ʃ : Cet enfant n'a pas rangé ses chaussettes et sa chambre est sale.

C'est charmant ! au lieu de chanter, mets tes chaussures et dépêche-toi !

L'opposition s/ʃ permet de distinguer des mots. Repérez les oppositions en écoutant attentivement :

Viens, c'est moi ! / Viens chez moi.   C'est sot / c'est chaud
C'est le sien / C'est le chien.   Je l'ai cassé / Je l'ai caché.
Je n'ai plus de sous / Je n'ai plus de chou.

A votre tour, répétez. Puis transcrivez ces phrases sous la dictée

B. Syntaxe

1. Pronoms relatifs. Transformation relative

a) Opérez sur chaque vers la double transformation suivante :

La porte que quelqu'un a ouverte ⟶ (1) La porte, quelqu'un l'a ouverte

↓ (2) Quelqu'un a ouvert la porte

b) A partir des phrases suivantes, retrouvez la structure (1) avec pronom personnel, puis la structure inachevée avec pronom relatif (comme dans le poème), *que vous compléterez à votre gré.*

ex. J'ai lu ce poème ⟶ Ce poème, je l'ai lu.

Ce poème que j'ai lu... (m'a plu).

Jacques a acheté ce chapeau. Vous racontez la belle histoire du Petit Poucet. Le maçon construit la maison. L'ambulance emporte le malade à la clinique.

c) Remplacez les "où" du texte par les relatifs composés :

{ sur lequel   { dans lequel
                ou
{ sur laquelle   { dans laquelle

2. Accord du participe passé avec avoir

a) Observez les huit premiers vers du texte (sauf v. 3)

étudiez la terminaison des participes ("ouverte, refermée"...) et faites le rapprochement avec le genre du nom qui commence le vers.

b) Observez maintenant les phrases données en exemples en 1a

La terminaison du participe passé varie-t-elle entre les transformations (1) (2) ? Pourquoi ?

Complétez la règle

Le participe passé employé avec *avoir* s'accorde avec . . . . quand celui-ci est placé . . . . .

c) Remplacez dans le texte

porte	par portail
chaise	par fauteuil
chat	par chatte
fruit	par pomme
lettre	par message

et faites les modifications nécessaires.

II. Techniques pour l'expression

Des messages

1. Prévert choisit de se limiter à l'énumération de quelques objets ou gestes. Pourtant, au fil du poème, apparaît un récit. Quel drame nous est raconté ici ?

2. Le drame est ici déclenché par **une lettre**. Rédigez-la en choisissant pour la commencer parmi les formules suivantes (plusieurs possibilités) :

J'ai le regret de vous apprendre . . . . . Nous avons la joie de vous annoncer . . . . . Nous avons la douleur de vous annoncer . . . . . Nous sommes très heureux . . . . Je vais t'apprendre une bien mauvaise nouvelle . . . . .

3. Une nouvelle importante, bonne ou mauvaise, est souvent annoncée par **un télégramme**, message abrégé à transmission très rapide.

En voici un :

Jacques très malade. Venir immédiatement.

a) Réécrivez le message en faisant des phrases complètes.

Procédez de même pour les télégrammes suivants :

Arthur décédé. Enterrement 18-09. Lyon.

Arriverai samedi train 11 h.

Impossible venir. Rien de grave. Lettre suit.

b) A l'inverse, rédigez le télégramme correspondant à ''la lettre que quelqu'un a lue''.

Rédigez d'autres télégrammes annonçant : un succès à un examen, une naissance, un grave accident, un mariage...

25
LA VIE DE TOURISTE

* raconter

* personnage du roman

La vie de touriste n'est pas une vie. Le touriste toujours va où va le touriste, aux seules fins de pouvoir narrer* chez lui à d'autres touristes des histoires de touristes. Le touriste n'a pas accès aux endroits tranquilles. Il n'en a pas le droit moral. Les endroits tranquilles n'intéressent personne. Pat* ne pouvait décemment dire à Londres : "A Paris, j'ai vu un endroit tranquille." Il lui fallait affirmer : "J'ai vu Napoléon, La Tour Eiffel et Saint-Germain-des-Près, et Montmartre." De gré ou de force, et partout au monde, il faut aller au pied des Pyramides locales.

René Fallet, *Paris au mois d'août,* p. 121
Ed. Rombaldi

EXPLOITATION DU TEXTE

I. Connaissance de la langue

Syntaxe

1. L'expression de l'interdiction et de l'obligation

a) Relevez dans le texte les expressions de l'interdiction ou de l'obligation
b) Exprimez sous différentes formes empruntées au texte l'interdiction faite aux enfants d'accéder à des endroits dangereux

Remarque : autres formules possibles :

Accès interdit (à toutes personnes étrangères au chantier).

Passage interdit.

Défense de (déposer des ordures).

Interdiction de (camper).

Ne pas fumer.

c) Donnez sous deux ou trois formes différentes la signification des **panneaux de signalisation** *ci-dessous*

2. Tournures équivalentes et transformations négatives

Modèles :

Les touristes ont accès à la plage. = Les touristes ont le droit d'accéder à la plage. = L'accès de la plage est autorisé aux touristes.

Les touristes n'ont pas accès à la plage. = Les touristes n'ont pas le droit d'accéder à la plage. = L'accès de la plage est interdit aux touristes.

Proposez des phrases équivalentes à :

Les locataires ont accès aux parkings.

Mettre ces phrases à la forme négative.

3. La négation incomplète correcte

Pat ne pouvait (pas) dire à Londres . . . .

. . . n'osait pas . . . .

. . . ne savait pas . . . .

. . . ne cessait pas de . . . .

Si je ne me trompe pas, elle a vu le Panthéon.

Réécrire ces phrases en supprimant ''pas''; les phrases que vous obtiendrez seront encore correctes. Mais, avec d'autres verbes, la suppression de ''pas'' à l'écrit serait incorrecte.

4. Style indirect

Mettre au style indirect le passage suivant :

> "Pat ne pouvait décemment dire à Londres : "A Paris, j'ai vu un endroit tranquille." Il lui fallait affirmer : "J'ai vu Napoléon..."

II. Techniques pour l'expression

1. Quelles sont les **"Pyramides locales"** de Rome, de Londres, d'Athènes, de Lyon, de Marseille ?

2. **Les personnages célèbres et quelques lieux touristiques de Paris :**

Utrillo (peintre)	• Palais du Luxembourg
Quasimodo (pers. de roman)	• Versailles
Le Président de la République	• Montmartre (Place du Tertre)
Un Sénateur	• Saint-Germain
Un Député	• Le Palais de l'Élysée
Des petits rats et un fantôme	• Matignon
Le Premier ministre	• Notre-Dame de Paris
Jean-Paul Sartre	• L'Opéra
Louis XIV	• Le Palais Bourbon

Ces personnages célèbres sont (ou ont été) familiers des lieux de Paris cités dans la 2ᵉ colonne. Réunissez d'une flèche les personnages et les lieux.

26
MEMENTO - SKI

Comme je m'étonnais que cet ami péruvien* restât dans le salon de l'hôtel au lieu de profiter du soleil et de la neige pour sa première journée de ski, il me tendit le "Manuel de conversation" franco-espagnol grâce auquel il se familiarise* avec notre langue.

"Lisez plutôt..." me dit-il, abattu*.

Les mémentos m'ont toujours frappé par leur côté résolument pessimiste. (...)

Les malheurs du skieur de manuel commencent dès l'arrivée. Il a perdu l'essentiel : ses skis. On les retrouve, mais... "endommagés... la spatule* est brisée... la fixation est forcée (détériorée)... Puis-je faire une réclamation?" Il peut toujours, mais sa question semble sans espoir sérieux. Il n'insiste pas et va

"A l'hôtel".

Sans doute n'a-t-il pas la chambre qu'il désirait puisqu'il demande : "N'avez-vous pas une chambre mieux exposée, au midi, à l'est, à l'ouest?" Il doit être plein nord. (...)

Nous avons affaire, toutefois, à un homme circonspect* qui ne s'engage pas à la légère* sur les pistes : il va

"Au Syndicat d'Initiative",

pour demander les prévisions atmosphériques :

"Croyez-vous qu'il neigera (pleuvra), s'élèvera une tempête (une bourrasque de neige), un orage (un ouragan)? (...) Puis-je entreprendre sans inconvénient la descente du X... sur le Z...?" C'est un petit audacieux. Mais il doit lui rester des choses à apprendre puisqu'il demande : "Je voudrais prendre une leçon particulière (collective)..." — les voyageurs de mémentos ne savent jamais ce qu'ils veulent — (...)

Muni des renseignements généraux, notre héros est en route. Il a dû manquer le téléphérique puisqu'il demande : "Quand partira la prochaine cabine?" (...) Enfin, le voici monté, et en piste (...).

Mais bientôt il s'égare : "Où est la piste?... N'existe-t-il pas de raccourci? Ce pont de neige cédera-t-il?... Je suis très fatigué (à bout)..." On sent l'accident proche. Ça y est! "J'ai une fracture du tibia*... Je me suis foulé la cheville (le genou)... Je souffre d'hématomes* divers..." (On notera

* habitant du Pérou

* il pratique notre langue

* découragé

* partie avant du ski

* prudent et réfléchi

* sans réfléchir

* os de la jambe

* terme de médecine

89

* soignée

combien la langue de cet homme reste châtiée* dans les situations les plus dramatiques." (...)

Et c'est sur une note de cruelle incertitude que l'on abandonnera le skieur à son sort, ses dernières paroles étant : "Prévenez ma famille par télégramme (téléphone)."

Pierre Daninos, *Vacances à tous prix*
Livre de Poche, Hachette, 1972

EXPLOITATION DU TEXTE

A. Syntaxe. Un cas de concordance des temps

Texte :

- "Je m'étonnais que cet ami péruvien restât..."
  - **indic. impft.**   **subj. impft.**

- Je m'étonne que cet ami péruvien reste...
  - **indic. prést.**   **subj. prést.**

Sur ce modèle, mettre le premier verbe des phrases suivantes à l'imparfait

Il faut qu'il vienne au rendez-vous
Je souhaite qu'il soit guéri
Je ne crois pas qu'il ait assez d'argent

B. Réécriture

1. Le manuel propose :

"Puis-je faire une réclamation ? . . . . N'avez-vous pas une chambre mieux exposée ? . . . . Croyez-vous qu'il s'élèvera une tempête ? . . . . Puis-je entreprendre sans inconvénient la descente du X . . . . sur le Z ? . . . . Quand partira la prochaine cabine ? . . . . Je souffre d'hématomes divers."

Mais un Français dirait plutôt : ". . . . .

2. Un Français dirait : "Il n'y a pas plus court ?"

Que propose le manuel ?

90

C. Techniques pour l'expression

1. Légendes de dessins humoristiques

Proposez pour les dessins humoristiques ci-dessous des légendes utilisant le vocabulaire du texte

2. Rédigez, comme le demande le skieur, **le télégramme** destiné à prévenir sa famille.

3 Expression orale

Jeu du téléphone :

prévenez par téléphone la famille du skieur accidenté.

27
PARIS PARALLELE

(...) Pour découvrir le "Paris historique", un bus à deux étages vous conduit, pendant quelques heures, "voir ce qui est à voir". Une ville parallèle surgit à vos yeux, Paris, vu d'un car à touristes, se transforme en paradis photographique. Toutes les minutes, un monument se cadre dans la vitre. Jardins, perspectives, arbres et fontaines vibrent dans votre chambre noire*.

* élément principal de l'appareil photo

Dans vos oreilles aussi. Vous y avez fixé les écouteurs et choisi votre langue sur le clavier* (...)

* ensemble de touches pour choisir la langue du commentaire

Vous voilà relié (...) à votre professeur particulier d'histoire parisienne (...)

L'histoire dans le bus s'arrête à la fin du XIXe siècle. Il faut bien aller jusque-là, sinon comment montrer l'Opéra, "un des cœurs de Paris" et le Sacré-Cœur construit à cette époque (...)

* liste des personnages historiques évoqués.

Le peuple parisien? Oublié de la liste* (...) Et nos contemporains qui vivent derrière les façades? Effacés*.

* ne sont pas évoqués.

— Sont-ils curieux, tous ces visiteurs, après ces heures de cours d'histoire? (...)

— Surtout des questions pratiques. A quelle heure ouvre l'Opéra? Comment aller au Louvre? Où acheter des souvenirs? me répond une guide.

Quelles questions poser quand on ingurgite l'Europe en deux semaines et Paris en trois jours? (...)

* légende

Paris est un mythe* pour les étrangers. "Les bons vins, la cuisine, l'art, les femmes élégantes et parfumées." Le ministre du Tourisme ne leur donne que les images qu'ils étaient venus chercher. Et s'ils sont Anglais, de retour dans leur pays, ils verront des Français, en visite organisée, mitrailler Trafalgar Square et acheter des pulls dans Oxford Street. Ils comprendront alors peut-être, devant ce Londres bis, qu'on leur avait montré un Paris parallèle.

Jean Roy,
"L'Humanité Dimanche", n° 28, 11-17 août, 1976

I. Vocabulaire

soyez le parfait touriste photographe.

1. Les instruments de travail

Identifiez les appareils représentés

Quels sont ces accessoires ?

2. Complétez le texte suivant à l'aide du vocabulaire fourni par le texte, l'exercice précédent ou l'illustration ci-dessous :

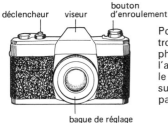

déclencheur   viseur   bouton d'enroulement

bague de réglage

Pour réussir de bonnes photos, il faut d'abord bien connaître son . . . . ; ne pas le choisir trop compliqué; il faut aussi le charger d'un bon . . . ., suffisamment sensible. Pour les photos à l'intérieur une . . . . est nécessaire. Après avoir effectué les . . . . corrects à l'aide de la . . . ., il faut . . . . le sujet dans le . . . . et seulement alors appuyer sur le . . . . . La photo a impressionné le film dans la . . . . . Vous pouvez alors . . . . un autre sujet si cela vous plaît. Mais n'oubliez pas de tourner le . . . .; sinon vous ne pourriez pas prendre la photo suivante.

II. Techniques pour l'expression

1. Citez quelques monuments, jardins et perspectives célèbres qui se trouvent inévitablement sur **le circuit de la visite du Paris historique**

2. Devenez **professeur d'histoire parisienne**

Travail de groupes :

après avoir établi un programme de visites du Paris historique, préparez ce cours d'histoire pour le touriste qui souhaite voir ce qui est à voir.

Chaque groupe pourra se charger d'un monument ou d'un lieu célèbre. Un rapporteur tiendra le rôle du guide commentant la visite. Il s'efforcera de répondre aux questions des autres (touristes).

Utiliser :

livres d'histoire, encyclopédies, prospectus, dépliants touristiques...

3. Devenez **professeur d'histoire locale**

Un travail identique peut être fait pour des touristes français venus découvrir le passé de votre ville ou de votre région.

a) Rédigez le *commentaire d'une visite correspondant aux images* que les Français sont venus chercher.

b) Rédigez le *commentaire d'une visite correspondant à la réalité* et non à une ville bis ou à une région parallèle.

28
L'AUTOMOBILE

La voiture est la mythologie de ce temps, la route, l'Olympe où s'affrontent, en liberté, les divinités d'acier et de tôle, grâce auxquelles on devient dieu soi-même dès qu'on a un volant entre les mains.

Dans l'équipe, avec son Aronde, achetée neuve et sortie de l'usine, Louis fait un peu figure de Jupiter.

Seul, René pourrait l'éclipser* avec la M.G. qu'il a achetée d'occasion à un gars qui s'était foutu en l'air à 130 à l'heure et n'avait, par miracle, qu'un peu cabossé la carrosserie. Mais la M.G. ça ne fait pas très sérieux ! René on le comprend, il est jeune et il est célibataire. Avec elle, il épate les filles.

    * le surpasser

— Tu sais, répète-t-il souvent, si Don Juan avait eu un truc comme cela, c'est un peu plus de trois mille femmes qu'il aurait eues.

L'un des Espagnols, arrivé en France il y a moins d'un an, a déjà acheté une bagnole d'occasion.

Ceux qui n'ont pas de voiture, en rêvent .(...)

Les hommes ont leur vanité dans les fesses posées sur les coussins de leur automobile. Louis, après l'achat de l'Aronde était venu au chantier, c'était alors du côté d'Istres*, en voiture jusqu'au jour où un camion qui manœuvrait avait embouti une aile dans le parking où s'amoncelaient vélos, motos et autos.

    * petite ville du Sud de la France

Ça datait de près d'un an. (...)

Il rêvait quand même de changer de voiture pour d'éventuelles vacances. L'I.D. 19 était son objectif. Oui, mais elle coûtait entre 1 200 000 et 1 500 000*.

    * Anciens francs = 12 000 et 15 000 francs

André Remacle, *Le Temps de vivre* p. 82-84
Les Éditeurs Français Réunis, 1965

EXPLOITATION DU TEXTE

I. Connaissance de la langue

A. Phonétique : l'opposition y/u

Lire et écouter les phrases suivantes :

[y] : Au volant de ta voiture tu es prudent. Tu as vu tellement d'accidents.

[u] : Le long de cette route vous pouvez voir tous les jours des carrosseries embouties.

y/u : La voiture tous les jours tue. Louis s'était juré de rouler lentement dans cette rue où il avait eu un accident, à la suite duquel il avait dû changer deux roues. Un truc comme cela, on ne l'oublie pas.

Identifier [y] *et* [u] *dans les paires de mots ou d'expressions suivantes :*

tout/tue • fou/fut • Il est tout fou/Il est foutu !

bout/bu • Il a bu la bouteille.

Tous les jours on en parle/Tous les jurons en parlent.

roue/rue • La roue traverse la rue.

vu/vous • Vous l'avez vu ?

dessus/dessous • Tout est sens dessus dessous.

Répéter les oppositions, puis les retranscrire sous la dictée.

B. Syntaxe

1. Représentation de la structure de la 1re phrase :

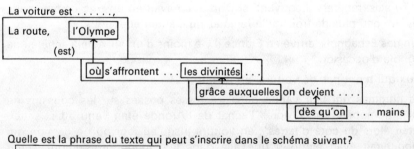

Quelle est la phrase du texte qui peut s'inscrire dans le schéma suivant ?

2. Quelques pronoms relatifs

Complétez les phrases suivantes par le pronom relatif qui convient :

Le garage . . . . j'ai acheté cette voiture d'occasion vend aussi des voitures neuves.

L'accident . . . . il a eu n'était pas grave.

Le prix de cette voiture . . . . coûtait entre 1 200 000 et 1 500 000 F a bien augmenté depuis.

Cette voiture d'occasion . . . . j'ai achetée avait une carrosserie . . . . était neuve.

C. Vocabulaire

1. Niveaux de langue

*a) Le texte emploie trois équivalents du mot "**voiture**"; les répartir dans le tableau suivant :*

niveaux de langue →	argotique	familier	neutre	soigné, plus général

b) Remplacez les expressions soulignées par des expressions argotiques du texte

● Il *avait eu un accident.*

● S'il avait eu une voiture de sport, il *aurait fait la conquête de* cette jolie fille.

2. Mots raccourcis

Le français a raccourci certains mots pour les employer plus facilement.

a) Retrouvez le mot courant :

ex. des vélocipèdes ⟶ des vélos
des motocyclettes ⟶ des motos
des automobiles ⟶
le métropolitain ⟶
un chronomètre ⟶

Une radiographie ⟶
la sonorisation ⟶
une photographie ⟶
un film pornographique ⟶

b) Réécrire les phrases suivantes en remplaçant les abréviations par les mots complets

— A la manif du 14 juillet, j'ai vu défiler un régiment de paras.

— Mon prof de maths m'a dit que sans le bac je ne pourrais pas entrer à la Fac.

— Je ne suis pas allé au ciné, je suis resté chez moi devant la télé.

II. Techniques pour l'expression

1. Apprenons à connaître les voitures françaises

Une voiture française se définit par sa marque, le nom du modèle et la puissance exprimée en CV.

Établir les relations correspondant aux illustrations de la dernière colonne et compléter le tableau.

Marques	Modèles	Puissance	Illustrations
Peugeot	2 CV	2 CV	
Citroën	I.D. 19 1100	7 CV	
Renault	204 4 L	11 CV 9 CV	
Simca-Chrysler	504 R 16	4 CV 6 CV	

2. Thèmes de débat ou sujets d'essai

a) "La voiture est la mythologie de notre temps."

b) Quelles sont les motivations qui poussent à l'achat d'une voiture ?

c) Quelles sont les motivations créées ou entretenues par les publicités de l'industrie automobile ?

d) Voiture individuelle ou transport en commun : où est l'avenir ?

e) **Essai** "L'automobile a l'étonnant pouvoir d'exagérer tous nos défauts et de les mettre en évidence." Georges Duhamel

29
CIRCULATION

Il faut dire que le problème de la circulation... ça ne s'arrange pas !
Récemment, j'étais dans ma voiture...
J'arrive sur une place...
Je prends le sens giratoire...
Emporté par le mouvement, je fais un tour pour rien.
Je me dis : "Ressaisissons-nous ! Je vais prendre la première à droite."
Je vais pour prendre la première à droite : Sens interdit !
Je me dis : "C'était à prévoir... Je vais prendre la deuxième !"
Je vais pour prendre la deuxième : Sens interdit !
Je me dis : "Bon, je vais prendre la troisième."
Je vais pour prendre la troisième : Sens interdit !
Là, je me dis : "Ils exagèrent ! Tant pis, je vais prendre la quatrième."
Je vais pour prendre la quatrième : Sens interdit !
Je me dis : "Tiens !"
Je refais un tour pour vérifier.
Quatre rues, quatre sens interdits !
J'appelle l'agent.
Je lui dis : "Monsieur l'agent, il n'y a que quatre rues et elles sont toutes les quatre en sens interdit !"
Il me dit : "Je sais. C'est une erreur."
Je lui dis : "Alors... pour sortir ?"
Il me dit : "Vous ne pouvez pas !"
Je lui dis : "Qu'est-ce que je vais faire ?"
Il me dit : "Tournez avec les autres !"
Je lui dis : "Ils tournent depuis combien de temps ?"
Il me dit : "Il y en a, ça fait plus d'un mois."
Je lui dis : "Ils ne disent rien ?"
Il me dit : "Que voulez-vous qu'ils disent ? Ils ont l'essence... Ils sont contents !"
Je lui dis : "Il n'y en a pas qui cherchent à s'évader ?"
Il me dit : "Si ! Mais ils sont tout de suite repris."
Je lui dis : "Par qui ?"
Il me dit : "Par la police... qui fait sa ronde... mais dans l'autre sens."
Je lui dis : "Ça peut durer longtemps."
Il me dit : "Jusqu'à ce qu'on supprime les sens."
Je lui dis : "Si on supprime l'essence... il faudra remettre les bons."

"Il faut dire que le problème de circulation, ça ne s'arrange pas ! "

Il me dit : "Il n'y a plus de "bons sens"... uniques ou interdits! Allez!
Filez!... Et tâchez de filer droit, sans ça, je vous aurais au tournant!"
Alors j'ai tourné, j'ai tourné...
A un moment, je roulais à côté du laitier...
Je lui dis : "Dis-moi, laitier, ton lait va tourner?"
Il me dit : "T'en fais pas, je fais mon beurre!"
"Ah, je me dis, celui-là, il a le moral!"
Je lui dis : "Dis-moi? Qu'est-ce que c'est que cette voiture noire là, qui
ralentit tout?"
Il me dit : "C'est le corbillard... il tourne depuis quinze jours!"
Je lui dis : "Et la voiture blanche là, qui nous double tout le temps?"

Il me dit : "Ça c'est l'ambulance!... Priorité!"
Je lui dis : "Il y a quelqu'un dedans?"
Il me dit : "Il y avait quelqu'un, oui!"
Je lui dis : "Où est-il maintenant?"
Il me dit : "Dans le corbillard!"
Je me suis arrêté,... j'ai appelé l'agent...
Je lui dis : "Monsieur l'agent! Je vous pris de m'excuser mais... j'ai un malaise..."
Il me dit : "Si vous êtes malade, montez dans l'ambulance!"

Raymond Devos, *Plaisir des Sens*
in *Ça n'a pas de Sens. Ed. Denoël*

EXPLOITATION DU TEXTE

I. Connaissance de la langue

A. Phonétique

1. L'intonation : elle seule, parfois, exprime l'interrogation

Ex.

— Ils ne disent rien?
— Il n'y en a pas qui cherchent à s'évader?
— Il y a quelqu'un dedans?
— Ton lait va tourner.

Schémas proposés :

Ils ne disent rien ?

Ton lait va tourner ?

Il y a quelqu'un dedans ?

Il n'y en a pas qui cherchent à s'évader ?

Opposez-les aux phrases affirmatives correspondantes :

Ex.

Ils   ne   disent   rien

Composez les schémas suivants :

Ton   lait   va   tourner

Il   y   a   quelqu'un   dedans

Il   n'y   en   a   pas   qui   cherchent   à   s'évader

Prononcer les phrases suivantes :

Ils ne viendront pas? Ils ne viendront pas.

Ton fils va réussir. Ton fils va réussir?

Il n'y a personne là-bas? Il n'y a personne là-bas.

Il n'y en a pas qui cherchent à copier. Il n'y en a pas qui cherchent à copier?

— *d'abord en regardant la portée des schémas proposés*
— *ensuite sans regarder les schémas*

2. Les homophones :

La prononciation identique de mots ou d'expressions de sens différent permet des jeux de mots.

les sens | = [lesãs]
l'essence |

le bon sens (la sagesse) | = [ləbɔ̃sãs]
le bon sens (la bonne direction) |

a) *Relevez dans cet extrait d'un autre texte de* Raymond Devos *les homophones qui rendent la communication impossible.*

N. B. Caen, ville de Normandie à l'ouest de Paris, se prononce [kã]. "Comme j'avais entendu dire : "A quand les vacances? A quand les vacances?", j'ai dit : "Bon, je vais aller à Caen!" Et puis à Caen, ça tombait bien : je n'avais rien à y faire! Je boucle ma valise; je vais pour prendre le car; je demande à l'employé : "Pour Caen, quelle heure?" Il me dit : "Pour où?" Je lui dis : "Pour Caen." Il me dit : "Comment voulez-vous que je vous dise quand si je ne sais pas où?"

b) *Dressez une liste de quelques homophones :*

| [ni] nid .... | point   .... | les pots   .... |
| [lɛ] lait .... | les eaux .... | .... |

c) *Changez ou supprimez la lettre finale pour obtenir de nouveaux mots. (Vérifiez dans le dictionnaire les mots obtenus)*

faut - lit - salut - cours - fois - vers - riz - nez - peut.

B. Syntaxe

1. Un conseil très impératif : "Tâchez de filer droit" (1)

$$= \begin{cases} \text{Efforcez-vous de filer droit (2)} \\ + \begin{cases} \text{Il faut filer droit} \qquad \text{(3)} \end{cases} \end{cases}$$

	(1)	(3)
Efforcez-vous de faire un travail propre	⟶ .... ⟶	....
Efforcez-vous de conduire prudemment	⟶ .... ⟶	....
Efforcez-vous de ne pas vous tromper	⟶ .... ⟶	....
Efforcez-vous de faire attention	⟶ .... ⟶	....

2. Quelques types de phrases interrogatives

a) Relevez les phrases interrogatives du texte

b) Complétez le tableau suivant :

L'interrogation est marquée par :	L'ordre des mots est :	
	1. sujet 2. verbe	1. verbe 2. sujet
L'intonation seule	X	
Qu'est-ce-que		
Qu'est-ce que c'est que		
Que		
Où		

Le tableau se lit : quand l'interrogation est marquée par l'intonation seule, l'ordre des mots est sujet-verbe.

C. Vocabulaire

Faire.

1. L'expression "**faire + groupe nominal**" peut remplacer un verbe simple précis.

Complétez le tableau suivant :

faire la cuisine	faire le repassage	faire une réparation	faire un dessin
cuisiner			

2. Faire est le substitut fréquent de :

parcourir, construire (ou fabriquer), coûter, mesurer.

Remplacer "faire" par l'un de ces cinq verbes

"Je fais un tour pour rien."
Je fais dix kilomètres.
Je fais une maison.
Je fais une lampe.

Je fais deux aller-retours par jour.
Ce pont fait trois mètres de haut.
Ce tissu fait vingt francs le mètre.

3. Faire au sens de "provoquer" peut être suivi

— d'un infinitif
— d'un nom

Ex.

Son costume provoque le rire = son costume fait rire.
Il est effrayant   = il fait peur.

Utilisez ces tournures pour dire :

Il provoque le départ de ses voisins.
Cette blessure est douloureuse.
Il est pitoyable.
La gifle entraîne des larmes.

4. Classer du plus familier au plus recherché les expressions suivantes qui ont presque le même sens :

T'en fais pas. Ne te fais pas de souci. Ne t'en fais pas. Ne sois pas inquiet.

5. Faire remplace "depuis"

"Ça fait plus d'un mois" (qu'ils tournent) : expression de durée = Ils tournent depuis plus d'un mois.
Ils sont absents depuis quinze jours $\longrightarrow$ Ça . . . . .
Le magasin est fermé depuis deux jours $\longrightarrow$ Ça . . . . .
Il attend depuis trois heures $\longrightarrow$
Depuis combien de temps apprenez-vous le français ? (Répondre)
Depuis combien d'années n'êtes-vous pas allé en France ? $\longrightarrow$

Remarque :

Faire, dans les questions peu précises, permet de remplacer n'importe quel verbe

"Qu'est-ce que je vais faire ?"
Il me dit : "Tournez avec les autres."

Jeux de mots

Le **double sens des expressions** permet des jeux de mots :

filer droit
  → aller vite en droite ligne
  → bien se conduire, agir selon les règles de morale, selon la loi

je vous aurai au tournant
  → je vous rattraperai au virage
  → je vous surveille et à la première faute je vous punis

le lait tourne
  → le lait devient "aigre", il fermente
  → le lait tourne, comme le camion

le laitier fait son beurre
  → il fabrique du bourre
  → il s'enrichit

1. Quel est le second sens des expressions suivantes?

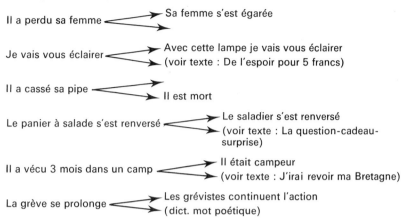

Il a perdu sa femme → Sa femme s'est égarée

Je vais vous éclairer → Avec cette lampe je vais vous éclairer (voir texte : De l'espoir pour 5 francs)

Il a cassé sa pipe → Il est mort

Le panier à salade s'est renversé → Le saladier s'est renversé (voir texte : La question-cadeau-surprise)

Il a vécu 3 mois dans un camp → Il était campeur (voir texte : J'irai revoir ma Bretagne)

La grève se prolonge → Les grévistes continuent l'action (dict. mot poétique)

2. **Les homographes,** mots différents dont l'orthographe est identique, peuvent être la source d'astuces amusantes ou de ''malentendus''

Ex. ''les bons'' → papiers officiels utilisés lors du rationnement d'un produit (sens du texte)
→ mot de sens opposé à mauvais

Que peuvent désigner les mots suivants?

les feux

le temps

la poudre

le souci

II. Techniques pour l'expression

1. A la manière de Devos

Rédigez un texte imitant le style de Raymond Devos et contenant quelques jeux de mots.

Vous pourriez choisir la situation suivante :

— Plusieurs files de voitures sont bloquées par des feux rouges qui restent rouges.

→ dialogues avec — un chauffeur de taxi
— un pompier

Jeux de mots possibles :

— sur ''feu'' (voir vocabulaire) et les expressions utilisant le mot feu : ''brûler les feux'' ''un cessez-le-feu''...

— sur le vocabulaire des couleurs utilisé dans des expressions comme ''rouge de colère'', ''blanc de peur'', ''noir de monde'', ''se mettre au vert'' (= aller à la campagne)

2. ''Ça n'a pas de sens''. C'est absurde

Après quelques minutes de réflexion, développez librement ce thème de l'**absurdité.**

30
"VOUS PRENEZ
LA PREMIERE A DROITE..."

Il est vrai que j'ai toujours été nul en points cardinaux. Je l'ai encore noté tout récemment lorsque, arrivant harassé dans une ville de province que je ne connaissais pas, je demandai au veilleur de nuit de l'hôtel le chemin du garage (avec l'espoir qu'il m'y accompagnerait).

"Vous prenez la première à droite, vous tournez à main gauche et c'est la première à droite après le pont."

Rien que je confonde comme la droite et la gauche à deux heures du matin. Rien surtout que j'aie moins envie de distinguer.

"Vous savez... dis-je au veilleur, je ne connais pas le pays..."

A quoi l'homme me répondit sur ce ton aimable que prennent les veilleurs quand on les fait veiller :

"Je ne vois pas pourquoi vous auriez besoin de connaître le pays pour prendre la première à droite et la première à gauche... Ce serait comme ça dans tous les pays du monde !"

Et il me laissa seul avec la nuit.

Pierre Daninos *Vacances à tous prix*
Livre de Poche, Hachette, 1972

EXPLOITATION DU TEXTE

Techniques pour l'expression

1. Pour aller à...

Voici le plan d'une localité :

1 : La poste
2 : La pharmacie
3 : Le bureau de tabac
4 : Le Commissariat
5 : Agence immobilière
6 : Garage Renault
7 : Restaurant

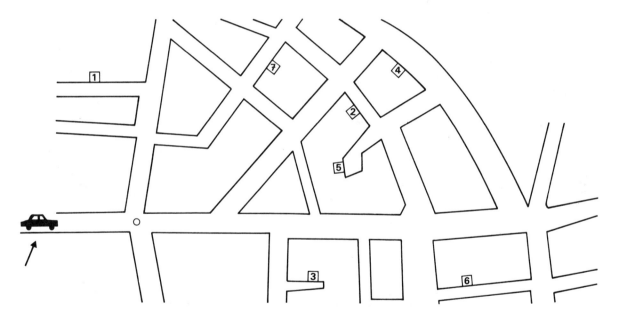

En utilisant le texte de Raymond Devos et le texte de Pierre Daninos, donner les indications qui permettront au conducteur de cette voiture de se rendre :

— à la poste,
— à la pharmacie,
— au bureau de tabac,
— au commissariat de police,
— à l'agence immobilière, ...etc.

31
"J'IRAI REVOIR MA BRETAGNE" I

* titre imité d'une vieille chanson française "J'irai revoir ma Normandie"

Il y a longtemps que je ne comprends plus rien aux vacances.

Autrefois — je veux dire, lorsque j'étais enfant, — il s'agissait essentiellement pour nous d'aller voir la mer, une fois l'an. On nous mettait des maillots de bain en laine qui nous grattaient la peau. Tout le monde sentait un peu l'ambre solaire*, et cela devenait l'odeur de l'été. (...)

* marque connue de produit protecteur contre le soleil

Plus tard, ayant eu la chance d'habiter au bord de la mer, ce sont les vacances qui sont venues à moi. Je n'avais même plus à me déplacer. Les hordes* de citadins en short* débarquaient en juillet. Rougissaient et pelaient sous nos yeux. Pendant que leurs enfants, en casquette, poussaient des épuisettes* neuves dans l'eau des marées basses.

* troupes nombreuses

* (angl.) culotte courte

* petit filet de pêche à manche
* inexprimable, qu'on ne peut expliquer par des mots
* (fam) vacances avec nombreux déplacements

* prix tout compris

De ces joies toutes mâchées qui, vraiment, nous tombaient du ciel et du soleil, j'ai gardé une indicible* paresse des vacances. Je ne les supporte que faciles..., à portée de main : je ne lèverais plus le petit doigt pour ça... Me déplacer m'ennuie, alors que le moindre de vos voisins de palier s'en va faire un tour au Népal. Bref je déteste les vacances-bougeotte*, avec réservation, forfait*, aller-retour tout compris et aurore boréale garantie.

— Et vous, où allez-vous cet été ?

Je dis vaguement "Bretagne". Vous savez, c'est cette espèce de pointe de terre qui a des problèmes de communications, d'industrialisation et de régionalisme. La fin de la terre, le bout du monde...

Mais la Bretagne, dans les conversations, ça n'intéresse personne... Turquie, Brésil, Cordoue, Naples, Moscou, Porto, Oslo. Ailleurs. Pourquoi n'allez-vous pas ailleurs, pour une fois ? Cela ne vous fatigue donc pas de voir toujours les mêmes paysages, les mêmes mouettes, les mêmes vagues, les mêmes tempêtes, les mêmes ajoncs, les mêmes lueurs de phare ? Et de m'asséner des récits de voyages époustouflants*, où, pendant un mois, véritablement, on a complètement changé de vie, de rythme, de nourriture, de sommeil, de "moi". En un mot : le dépaysement ! Comme si le fin du fin* de ce mois de relâche était de s'égarer à tout prix, de se perdre dans la nature (à condition qu'elle soit étrangère) et de s'oublier, soi.

* (fam) étonnants

* (ici) le but véritable

Geneviève Doucet
"Elle", n° 1543, 4 août 1975

EXPLOITATION DU TEXTE

I. Connaissance de la langue

A. Phonétique. Le son [j] : graphies

a) *On trouve le son* [j] *par exemple dans les mots suivants :*

il y a; rien; maillots; juillet; soleil.

Transcrivez ces mots ou groupes de mots en phonétique

b) *Complétez le tableau suivant*

de façon à regrouper les diverses graphies de [j] en utilisant les exemples ci-dessus ainsi que d'autres pris dans le texte.

[j] y + voy.	i + voy.			
il y a	rien			

NB : les mots "faïence - glaïeul" présentent une graphie de [j] différente, mais plus rare. Connaissez-vous d'autres mots qui la comportent ?

B. Syntaxe

1. Ponctuation

Rétablissez la ponctuation normale du § 2 : "Les hordes de citadins... basses".

2. Usages de l'infinitif

a) Me déplacer m'ennuie = Cela m'ennuie de me déplacer.

Cela ne vous fatigue pas de voir toujours les mêmes paysages ? = Voir toujours les mêmes paysages ne vous fatigue pas ?

Transformez sur ce modèle les phrases suivantes :

Courir après ce ballon me fatigue. Acheter des sucettes plaît aux enfants. Aller visiter ce monument peut occuper la soirée.

b) Me déplacer m'ennuie = Le déplacement m'ennuie.
Transformez sur ce modèle les phrases de a).

c) Initiation à une tournure littéraire : l'**infinitif de narration.**

"Et de m'asséner des récits de voyages époustouflants..."

= Ils m'assènent alors des récits de voyages...

Modifiez les phrases suivantes de façon à utiliser l'infinitif de narration :

Les grenouilles sautent alors dans la mare. C'est alors que les citadins gémissent ! A ce moment, les enfants se mettent à crier, les chiens à aboyer, les poules à courir de tous côtés.

C. Petit lexique des vacances

1. A un élément de la première colonne correspond un élément de la deuxième; reliez-les par une flèche

A l'hôtel en pension complète,   vous aurez droit à : la chambre seule
        en demi-pension,   la chambre + les repas
        en chambre sans pension,   la chambre + le repas du soir

2. Complétez les phrases suivantes avec des mots trouvés dans le texte

— Avant de partir en voyage organisé, je dois faire une . . . . dans une agence.
— Le prix indiqué est global, il n'y aura pas de suppléments; c'est un . . . .
— Ne pas oublier d'emporter les . . . . pour pouvoir se baigner.

3. Retrouvez la signification des **symboles hôteliers** suivants, empruntés au Guide Michelin, et traduisez en toutes lettres la phrase

Dans un 🏨 avec 🌲🌲, 🏊 , 🍴 , jouissant d'une ‹ et 🛶 , j'ai réservé une chambre à 🛏 , avec 🛁 WC et 🚗 Le 🍴 n'étant pas ouvert, je ne pourrai pas apprécier la qualité de sa cuisine

II. Techniques pour l'expression

L'invitation au voyage

1. Vous entrez dans une agence de voyages pour faire une réservation

Jouez la scène à 2 ou 3 participants, en utilisant le vocabulaire fourni par le texte ou les exercices.

2. "Aurore boréale garantie" :

sans doute pour un voyage au Cap Nord.

Qu'est-ce qu'un "fabricant de vacances" peut garantir pour un voyage :

— en Espagne?   — en France?
— en Italie?   — au Kenya?
— en Hollande?   — au Népal?

3. A la page 111, sont regroupés des **placards publicitaires** pour des formules de vacances

Rédigez à votre tour des publicités pour des voyages :

— en Turquie   — en France
— au Brésil   — en Suisse...
— au Népal

4. Dans le dernier paragraphe, l'auteur résume une conversation qui comporte des récits de voyages époustouflants"

Inventez ces **récits** et imaginez la **conversation**. Il y aura celui qui revient de Turquie, celui qui revient d'Oslo... etc.

32
"J'IRAI REVOIR MA BRETAGNE" II

* mot créé par l'auteur

* cf. texte Métro-boulot-dodo

* qui n'ont pas de sens

* marchent sans but

* rue de Paris très fréquentée

* réaction provoquée automatiquement

* (angl.) avions à prix réduits réservés aux groupes

* abrutissement

* (fam.) en abondance

* (fam.) très vite

* épuisante

Eh bien, non, moi, monsieur, j'aime me re-payser*... Je trouve déjà qu'on bouge beaucoup, l'hiver, intérieurement, moralement, physiquement, avec nos journées en miettes et le fameux boulot-dodo*. D'ailleurs, tout le monde le dit : "Ah! quelle vie, quelle vie nous menons!" Vous savez : la folie des villes, la cohue, l'éternelle bousculade du temps... Seulement, on se demande si ce n'est pas un jeu, par moments, de se plaindre de la folie des villes; ou si les gens n'obéissent pas à des mécanismes absurdes* en se jetant, comme ils le font, "en vacances"; car enfin, si l'on y réfléchit, les petites stations balnéaires bourrées de monde, les camps de camping... avec le transistor du voisin, les clubs-loisirs animés sans répit, les ports de pêche où les gens déambulent* plus tassés que rue de la Chaussée-d'Antin* à six heures, sont pleins de citadins qui viennent là "pour changer" et qui passent leur mois d'août à gémir... "Ah! là là! quelle vie nous menons à Paris!"...

Ils sont comme ça, les citadins. Bien qu'ils disent le contraire. Ils disent : "C'est les vacances", et pensent "paradis" même si le paradis ressemble (en pire, parfois) à l'enfer coutumier. Tout, plutôt que de continuer à vivre sa vie normale : elle a acquis une telle mauvaise réputation que n'importe quoi d'autre, par contraste, fait figure d'Eden. Réflexe conditionné* savamment mis au point par les fabricants de vacances : "Partez, vous serez mieux." Pourquoi serait-on mieux ailleurs, je ne sais pas, mais l'argument de vente est malin : cela permet d'emballer par charters* entiers des gens avides de kilomètres... On les guérit de la concentration des villes en les groupant... dans des villages de toile, de paille ou de béton... On les sauve du décervelage* en les distrayant à gogo*, et on leur dit : "Voyez comme vous êtes heureux quand vous n'êtes plus vous-mêmes!" C'est ainsi qu'on se retrouve en train de faire sa cuisine sur un camping-gaz, dans un camp qui soulèverait l'indignation des Nations-Unies s'il s'agissait de réfugiés...

Je pense qu'il serait temps d'arrêter les vacances. De les réinventer vite fait*, avant qu'elles ne deviennent une tâche éreintante*... On peut encore trouver du calme à prix réduit et des gens qui vous vendent des salades du jardin. A condition d'aimer le calme et la salade, et de ne pas être trop exigeante sur la variété des cartes postales, on peut encore passer d'excellentes vacances de paresseuse, à l'écart du monde et du bruit.

Ce que l'on pourrait me disputer, c'est ce goût du recommencement, qui est tout à fait démodé; toujours les mêmes mouettes, les mêmes vagues... J'essaie d'avoir, quelque part, une maison. Des rites*, des géraniums à moi... Aucun organisateur-chef des loisirs n'a à me consoler de vivre. Ici, dans mon jardin, c'est le règne du creux, de l'attente. Le règne de l'herbe, qui se met à repousser petit à petit, et des oiseaux qui reprennent leur envol... Quelquefois, quand je rentre de vacances, on me demande : ''Au moins, avez-vous eu beau temps?'' Je ne sais pas. Il paraît que le temps, fin juillet, début août, fut comme ci, comme ça, je ne sais pas. J'ai eu, pour une fois, simplement, le temps. Le temps de respirer, de dormir, de défricher le chiendent* de mes journées...

* habitudes

* herbe très vivace

Geneviève Doucet
''Elle'' n° 1543, 4 août 1975

EXPLOITATION DU TEXTE

I. Connaissance de la langue

A. Intonation : la lassitude

Schéma proposé :

Ah ! là là ! quelle vie nous menons à Paris !

Prononcer les phrases suivantes :

- ● Ah ! là là ! qu'il est insupportable cet enfant !
- ● Ah ! là là ! quel enfer que ce quartier !
- ● Ah ! là là ! quelle chaleur il fait ce matin !

B. Syntaxe. L'interrogation indirecte par ''si''

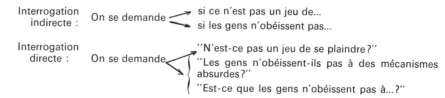

Interrogation indirecte : On se demande → si ce n'est pas un jeu de...
si les gens n'obéissent pas...

Interrogation directe : On se demande ''N'est-ce pas un jeu de se plaindre ?''
''Les gens n'obéissent-ils pas à des mécanismes absurdes ?''
''Est-ce que les gens n'obéissent pas à...?''

a) *Modifiez les phrases suivantes pour poser les questions à la forme directe :*

- — Je me demande si ce n'est pas trop tard pour réserver une place.
- — Je me demande si les citadins n'ont pas raison.
- — Je veux savoir si le tarif comprend l'aller-retour.
- — Je ne sais pas si les mouettes aiment les tempêtes.

b) *Transformation inverse : passer à l'interrogation indirecte.*

Attention : il faut parfois modifier le sujet du verbe de la proposition interrogative.

ex. On me demande : ''Au moins, avez-vous eu beau temps?''

On me demande si au moins j'ai eu beau temps.

— On me demande : ''As-tu vu la Tour Eiffel?''

— Je réfléchis : ''Dois-je choisir le forfait ou non?''

— On nous demande : ''Aimez-vous le fromage?''

— On lui demande : ''As-tu pris l'avion?'' (deux réponses possibles)

— On leur demande : ''Avez-vous pris l'avion?'' (id.)

C. Vocabulaire :

Les préfixes dé- et re- devant un verbe

a) Voici une série de verbes. Si on leur ajoute les préfixes dé- ou re-, on peut former de nouveaux verbes.

Mais : certains admettent les deux préfixes, d'autres seulement dé-, d'autres seulement re-.

A l'aide d'un dictionnaire, remplissez le tableau suivant et notez la forme composée, quand elle existe, dans la case qui convient.

Verbes	Formes avec dé-	Formes avec re-
ex. inventer		réinventer
tourner	détourner	retourner
paraître		
coudre		
pousser		
monter		
faire		
lever		
placer		
passer		
venir		
posséder		

b) Certains verbes commençant par dé- ne sont pas les composés d'un verbe simple.

ex. dépayser < pays. Le verbe *payser n'existe pas.

Complétez le tableau suivant en mettant une croix dans la case qui convient.

	Verbe simple		Sens des verbes ignorés
	OUI	NON	
décerveler			
défricher			
détendre			
détruire			
démolir			
dénouer			
déjeuner			

c) Examinez le schéma suivant :

dé- { coudre, tourner, monter, placer, etc

dés- { obéir, unir, hydrater, habiller, etc.

Quelle est la règle de formation d'un verbe composé avec dé-?

Le préfixe dé- prend la forme { dé- devant... dés- devant...

II. Techniques pour l'expression

Des cartes postales

1. Voici une carte postale de Bretagne où, comme l'auteur de l'article, vous venez de séjourner. Remplissez la partie réservée à la correspondance, en notant brièvement vos impressions de vacances (vocabulaire des textes I et II).

Photo Jos Le Doaré

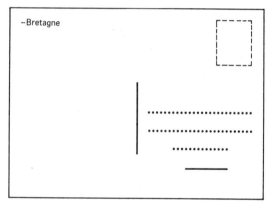

2. Voici maintenant le dos seul d'une carte postale. A vous d'imaginer le recto, la photo, l'endroit qu'elle représente.

Rédigez le texte de la correspondance en fonction de l'endroit choisi.

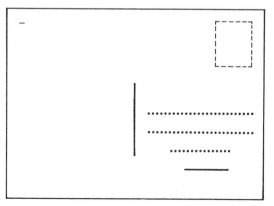

Sujets de débats

— Pourquoi les vacances ?
— Vacances et conditionnement
— Quel type de vacances préférez-vous ?

33
LA VILLE-FANTOME

* l'architecte

* outil tranchant

* celui qui taille les arbres

* amas (ici de sable) apporté par le vent

* colline de sable
* endroit où s'amarrent les bateaux et où l'on charge et décharge les marchandises.
* ici des voiles déchirées

* cf. photo p. 119

* avancée de pierre protégeant l'entrée du port (syn. digue, jetée)

J'ai fini par déboucher sur une route que j'ai immédiatement reconnue : l'accès principal à Callages. Simon* l'avait voulue somptueuse, large, bordée de peupliers savamment disposés. Certains de ces arbres sont morts, d'autres ont été abattus..., d'autres ont prospéré, mais, n'ayant jamais connu la serpe* de l'élagueur*, ne donnent que des bosquets confus. Durant ces années d'abandon, la route elle-même a été ravagée. Les congères* de sable, qui la barrent çà et là, contraignent à un détour sur des pistes malaisées...

Le soleil déclinait lorsque, franchissant la dernière dune*, je me suis tout à coup retrouvé sur le port : sur ce qu'il en reste plutôt, car de longues langues de sable l'ont envahi, gommant les quais*, les appontements*, cernant quelques voiliers pourrissants où flottent des guenilles*. Les toits des hangars ont été arrachés... Les pyramides* ont tenu, et la capitainerie, sur l'autre môle*, semble elle aussi presque intacte. Pourtant, une coulée de sable, un vaste plan incliné, modelé par le vent, a envahi les premières terrasses, se déversant par les vitres brisées, les portes rompues, comme si la plage elle-même, s'arrachant à la mer, était montée à l'assaut des murailles. Près de la pyramide inachevée, une grue géante, restée debout, tourne lentement. De l'église, on ne voit plus que le toit.

Jean Joubert *L'homme de sable* p. 14-16
Grasset, 1975

EXPLOITATION DU TEXTE

I. Connaissance de la langue

A. Syntaxe

1. Les temps

a) Relevez et classez dans le tableau suivant les verbes du texte :

PASSÉ			PRÉSENT
Plus-que-parfait	Imparfait	Passé composé	

b) Complétez le § avec les formes qui conviennent :

L'an dernier j'(visiter) la Grande-Motte. A chaque promenade, je (voir) de nouvelles pyramides que des agents immobiliers (vendre) par appartements à des Parisiens ou des étrangers. Aujourd'hui, on ne (trouver) plus rien à acheter. Ils (acheter) tout ce qui (être) à vendre. Les gens d'ici ne (s'intéresser) guère à ces logements. C' (être) bien trop cher !

2. Les formes en -ant : participe et adjectif verbal

De longues langues de sable l'ont envahi,...

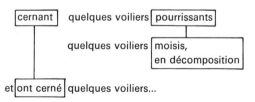

Donc **deux formes** en -ant, **deux fonctions** différentes.

a) Relevez les formes en -ant du texte. Par quoi pourriez-vous remplacer chacune d'entre elles ?

b) Remplacez les mots entre parenthèses par la forme en -ant qui convient :

L'enfant a des mots (amuser). Les pyramides, (se dresser) fièrement, impressionnent le touriste. J'avance, (tenir) mon Guide Michelin à la main. Ces gens-là sont très (envahir).

B. Vocabulaire

1. Les voies de circulation :

route - autoroute - chemin - piste - sentier.

Voici les symboles qui les représentent sur les cartes routières françaises. Retrouvez la signification de chaque dessin.

2. Le port

Callages est-il un port { de pêche?
de plaisance?
de commerce?

Pourquoi? Qu'aurait-on pu trouver dans les ports appartenant aux deux autres catégories?

II. Techniques pour l'expression

Thème : la ruine de Callages

1. Relevez les mots ou expressions qui marquent cette ruine. Le texte indique-t-il qui en est responsable?

2. **Résumé** : dites en une phrase ce que décrit l'auteur.

3. Les causes de la ruine de Callages : imaginez-les librement,

a) soit sous forme de **reportage**

b) soit sous forme d'**essai composé** qui serait une réflexion sur ces causes.

4. Rapprochez ce texte du texte de Robert Lafont : "Aménagement de la côte langue-docienne". Callages a en effet été inspirée à l'auteur par la Grande-Motte. Pouvez-vous concevoir les problèmes que pose à la population locale l'installation d'une telle cité? Après avoir réfléchi, présentez vos remarques sous forme de **synthèse.**

34
AMENAGEMENT DE LA COTE LANGUEDOCIENNE

Je venais de Port-Camargue où l'on vous offre, comme à Port-Bormes*, des maisonnettes provençales, avec leurs avancées de tuiles, leurs couleurs claires et leurs volets bruns : vous y avez l'eau sous votre porte, vous pouvez amarrer votre bateau à votre terrasse. On a creusé à grands frais des bassins dans un sable mobile. Naguère, il y avait là une grande étendue d'eau plate, la Laune, qui fourmillait de vie animale, paradis des pêcheurs, paradis des enfants. On y venait à pied dans le sable du Grau-du-Roi, petit port aux bicoques mal faites, mais vigoureux de lumière et de couleurs*.

* autre port récent créé en Provence

* à la lumière et aux couleurs vives

La grande Motte
- *Station de la côte languedocienne (cf. texte 34)*
- *Callages, la ville fantôme (cf. texte 33)*

Photo Guérin - Rapho

On était ouvriers ou petits fonctionnaires de Nîmes; on prenait quinze jours de vacances ou un dimanche chez le cousin pêcheur, qui savait en patois* tant de noms de poissons... On allait en ''barquet''* sur les étangs, tout près des taureaux sauvages, avec les coupeurs de roseaux; on chassait, on riait, on faisait griller des sardines qui graissaient l'air*. On se donnait de grandes claques pour écraser les moustiques. Il n'y a plus de moustiques : on les a tués dans l'œuf pour vous vendre un espace aseptisé*.

Je ne regrette pas la civilisation traditionnelle... Je ne regrette pas les moustiques qui m'ont donné la fièvre quand j'étais enfant. J'avais rêvé d'un aménagement de cette côte qui en aurait conservé la beauté...

En 1973, une ville a poussé. Une autre écrase Le Grau-du-Roi à l'ouest et rejoint d'une chaîne de buildings et de villas le Grand-Travers et les pyramides de la Grande-Motte...

On brade, on vend. On vend dans ces agences où je trouve, affairistes,* des jeunes gens que je connais et qui ont pris pour mieux vendre l'accent nordique des affaires... Sans plus de pudeur, on vend le soleil et la mer... On vend à Paris, à Hambourg, à Bruxelles. On vend une architecture qu'on croit nôtre... On vend des images de Gizeh ou de Tenochtitlan* à la Grande-Motte. L'exotisme solaire est un bazar* intercontinental.

Je ne regrette pas le passé. Mais comment voulez-vous que j'approuve ce pays-souks*?

Robert Laffont

Lettre ouverte aux Français d'un Occitan p. 116-117

Ed. Albin Michel

* parler régional

* petite barque

* les sardines sont des poissons gras à l'odeur forte

* purifié

* soucieux de faire des affaires

* pyramides célèbres d'Egypte et du Mexique. Les immeubles de la Grande-Motte ont la forme de pyramides

* le pays a perdu son caractère propre, on y trouve n'importe quoi.

EXPLOITATION DU TEXTE

I. Connaissance de la langue

A. Phonétique

1. L'opposition : [ø] / [œ]

a) *Relevez et classez dans le tableau suivant les mots contenant le son* [ø] *et le son* [œ]

[ø]	[œ]
Ex. creusé	leurs

b) *Écouter puis lire à haute voix*

[ø]   : Maintenant qu'on a creusé, on peut amarrer son bateau. Ce n'est pas mieux qu'avant, je peux en témoigner.

[œ]   : J'ai bien peur que ce village de pêcheurs aux vives couleurs soit transformé. L'auteur dit au lecteur ce qu'il a connu.

Ø/œ : L'auteur peut dire que cette côte était mieux avant qu'on ait creusé les nouveaux ports.

peu/peur - des bœufs/un bœuf - ceux/sœur

terreux/terreur - dis-le/dis-leur/dis-le leur

2. L'accent "nordique" et l'accent du Midi

"...des jeunes gens... ont pris l'accent nordique..."

On ne prononce pas le français de la même façon au nord et au sud de la Loire.

Au nord, la phrase : "On prenait quinze jours de vacances... chez le cousin pêcheur" se dira :

[ɔ̃prəne kɛ̃zʒuʀ dvakɑs ʃelkuzɛ̃ peʃœʀ]

au sud, la même phrase : [ɔ̃prəne kɛ̃zəʒuʀ də vakɑsə ʃe lakuzɛ̃ peʃœʀ]

a) Lire cette phrase selon les deux façons de la prononcer indiquées par les transcriptions phonétiques

b) Relevez les différences

c) Attribuez à un Français du sud ou du nord de la Loire les prononciations des phrases suivantes :

J'avais rêvé d'un aménagement de cette côte.

— [ʒave ʀɛve dœnamenaʒmɑ dsɛtkot]
— [ʒave ʀeve dœnamenaʒmɑ dəsetə Kɔtə]

C'est vrai.

— [sevre.]
— [sɛvrɛ.]

B. Syntaxe

1. Les valeurs d'aspect

Citez un ou deux exemples correspondant aux valeurs d'aspect suivantes. Précisez le temps du verbe :

Nom des valeurs d'aspect	Exemples	Temps	Ces valeurs expriment une action...
Imperfectif			en cours d'accomplissement
Perfectif			accomplie
Itératif			qui se répète
Passé récent			qui appartient à un passé rapproché
Duratif			qui dure

2. Employez la forme qui convient pour exprimer que l'action de partir, dans :

"Je (partir)", • va commencer,
• vient de commencer,
• se répète dans le passé,
• est accomplie.

3. Employez la forme qui convient pour exprimer que l'action de vivre, dans :

Il (vivre) dans ce pays, • a duré dans le passé,
• est accomplie.

C. Vocabulaire

1. Nom de quelques régions de France

a) Retrouvez le nom de la région sur lequel on a formé l'adjectif et le nom des habitants de cette région.

Adjectifs ou nom des habitants	Nom de la région correspondante
provençal	
languedocien	
normand	
breton	
picard	
auvergnat	

b) Situez ces régions sur la carte

2. Quelques suffixes

a) **-eur.** *Continuez le tableau suivant :*

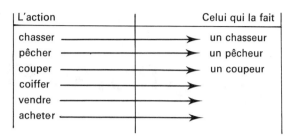

L'action	Celui qui la fait
chasser ⟶	un chasseur
pêcher ⟶	un pêcheur
couper ⟶	un coupeur
coiffer ⟶	
vendre ⟶	
acheter ⟶	

b) **-iste.** *Répondre aux questions*

Que fait un affairiste ? Il fait des affaires

Que fait un garagiste ?

Que fait un téléphoniste ?

Que vend un droguiste ?

II. Techniques pour l'expression

1. Débats

Sujets

a) Je ne regrette pas la civilisation traditionnelle

b) Je regrette la civilisation traditionnelle

Organisation

Chaque groupe de 6 étudiants après avoir choisi un sujet et désigné un porte-parole réfléchit et discute pendant 6 minutes. Chaque porte-parole aura 2 minutes pour :

— définir la civilisation traditionnelle,

— présenter une analyse des raisons que l'on peut avoir de regretter ou de ne pas regretter la civilisation traditionnelle.

2. Expression personnelle Exercice oral ou écrit

Illustrez à partir de votre expérience personnelle cette phrase de R. Lafont : *"L'exotisme solaire est un bazar intercontinental."*

(Bazar désigne un magasin où l'on vend de tout. Le mot est aussi employé familièrement pour un ensemble d'objets divers, en désordre.)

35
TRISTAN ET LES SOLDES

Le commerce, qui tient la vitrine de la société de consommation, a réussi à nous imposer, entre les saisons qui rythment la vie terrestre, des inter-saisons dites des soldes*, ayant aujourd'hui toutes les apparences de phénomènes naturels.

* vente au rabais

(...) Suivant les stratégies publicitaires, les soldes se présentent différemment. Certains boutiquiers, croyant à l'attrait du mystère, barbouillent les glaces de leurs vitrines au blanc d'Espagne* et donnent ainsi à penser que derrière cette opacité* complice se traitent des affaires si sensationnelles que tous les passants ne sauraient en supporter la vue !

* sorte de peinture blanche
* contraire = transparence

D'autres, au moyen de panneaux, (...) donnent les prix normaux, rageusement barrés de rouge et en regard les prix soldes. D'autres encore, désireux de battre leurs concurrents à la baisse, annoncent par voie d'affiches : ''Super-soldes'', ''Hyper-soldes'', ''Coup de balai général'', ''Liquidation* totale''. Cela pourrait faire croire aux naïfs* que, en insistant un peu, le marchand acharné à se débarrasser de sa marchandise leur donnera celle-ci pour rien, avec peut-être, en prime, un petit cadeau !

* disparition
* ceux qui croient n'importe quoi

Les maisons renommées, les fournisseurs qui portent griffe*, procèdent souvent par vagues sélectionnées. Ils envoient des bristols* à leurs clients et clientes, les conviant à des sessions de soldes privées et sur invitation... Ainsi, dans des salons calfeutrés*, où ils sont introduits par groupes décomptés — comme à la Tour de Londres — ces privilégiés* ont le droit de choisir — avant que ne déferlent* les chasseurs de soldes qu'on ne voit jamais en cours d'année — le meilleur des ''laissés-pour-compte*'' de la saison.

* qui ont une signature célèbre
* cartes de visite
* protégés du chaud et du froid
* gens qui ont des avantages exceptionnels.
* accourent
* les invendus

Car, tout observateur averti le remarquera, la marchandise qui apparaît en période de soldes dans les vitrines ne retiendrait pas l'attention en temps ordinaire. On se demande même comment tel ''habilleur'' des beaux quartiers peut détenir de pareils vestons vert épinard à carreaux jaunes et d'aussi curieux pantalons en fibrane* imitation tweed*...

* tissu léger
* lainage moucheté

(...) Mais l'important en période de soldes, c'est d'acheter. On ne choisit pas la marchandise, on choisit le prix sans toujours faire les comparaisons desquelles il ressort souvent que le bon marché coûte cher !

Ainsi ai-je rencontré, les bras chargés de paquets, mon ami Tristan, un bon jeune homme très soigné de sa personne, plutôt timide, qui passe une demi-heure chaque matin à choisir sa cravate.

"Je viens, m'a-t-il dit, de faire les soldes de chez *Boboli*. J'ai trouvé un petit pull cachemire* pour 280 francs. Bien sûr, il est gris tourterelle et je l'aurais préféré bleu nattier; il a un décolleté en pointe et je l'aurais mieux aimé à col roulé et il eût été* plus sobre évidemment sans cette petite poche de poitrine où l'on ne peut rien mettre. Mais enfin, quelle affaire, hein, moitié prix, mon vieux! Et je pourrai le mettre en week-end* dès que j'aurai maigri un peu, parce qu'il ne restait que du 40 et que je porte habituellement du 44!"

* en lainage très fin

* il aurait été (style soigné)

* (angl.) congé de fin de semaine

Maurice Denuzière
"Le Monde", 31 janvier 1976

EXPLOITATION DU TEXTE

I. Connaissance de la langue

A. Syntaxe

1. Le futur hypothétique : les formes en -rais (le conditionnel)

> *ex.* Je voudrais bien : forme dite du conditionnel présent.
> J'aurais bien voulu : forme dite du conditionnel passé.

a) Relevez dans le texte les formes verbales de ce type et classez-les en formes simples ou composées.

b) Utilisez à la place des infinitifs entre parenthèses la forme en -rais *qui convient.*

— J'(aimer) manger maintenant une glace.   *(deux solutions)*
— Ne touche pas à ce couteau ! Tu (risquer) de te blesser.
— Ce (être) bien d'aller demain à la pêche !
— Crois-tu que ta mère te (laisser) venir jouer ce soir ?
— Les plantes (pouvoir) geler la nuit dernière.
— Ce petit (devoir) aller au lit plus tôt !   *(deux solutions)*
— Si vous aviez été à sa place, vous (réussir).

Après avoir examiné les phrases précédentes, remplissez ce tableau en mettant une croix à la place qui convient :

Formes en -rais	dans une phrase se rapportant au FUTUR/PRÉSENT	dans une phrase se rapportant au PASSÉ
forme simple forme composée		

2. L'inversion du sujet

a) Ex. J'ai rencontré mon ami Tristan ⟶ Ainsi ai-je rencontré mon ami Tristan.

Opérez la même transformation sur les phrases suivantes en les commençant par : ainsi — aussi — peut-être — à peine *(au choix).*

> Tu n'as pas mangé ton dessert.
> Je suis allé voir ma cousine.
> Ils se sont embrassés cordialement.

b) Ex. Il a rencontré mon ami Tristan ⟶ Ainsi a-t-il rencontré mon ami Tristan.
Transformez de même :

> Il a terminé son discours. Elle a souri.
> Elle n'a pas voulu venir. Il m'a dit : "Viens !"

B. Vocabulaire

1. Mots composés : noms de couleurs

Ex. du texte : vert épinard; gris tourterelle; bleu nattier.

Formez des noms composés de couleurs en faisant correspondre à un nom de la première colonne celui de la deuxième qui convient.

bleu	pomme
jaune	ciel
rouge	lavande
vert	citron
bleu	sang

A quelle couleur associeriez-vous chacun des noms suivants?

outre-mer; tilleul; canari; pivoine; pourpre.

2. Problème de genre

Attention! LE solde = le restant, la marchandise vendue au rabais.

LA solde = la paie des militaires.

Quelques noms changent ainsi de sens selon qu'ils sont masculins ou féminins. Attribuez-leur le genre qui convient à chaque définition.

étoffe —— crêpe —— galette

LE   LA

boue —— vase ——

—— manche —— poignée

fourneau —— poêle ——

coquillage —— moule ——

étoffe qui —— voile ——
couvre

II. Techniques pour l'expression

Expression écrite :

a) Rédigez les **invitations** aux sessions de soldes privées, lancées par de "grandes maisons".

b) Inventez un **prospectus publicitaire** rédigé par un commerçant désireux de faire connaître ses soldes. Utilisez le vocabulaire fourni par le texte.

Expression orale :

a) **Conversation** : A quelles dates de l'année se situent les soldes? Pourquoi? Quelle est leur utilité? Ce "phénomène" est-il particulier à la France?

b) **Jeu** : les *griffes* prestigieuses sont celles des grands couturiers, parfumeurs, joailliers, fourreurs, marchands d'accessoires... Quelles griffes françaises pourraient porter les objets ci-dessous?

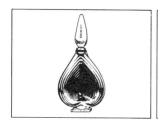

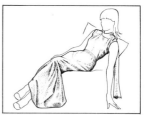

36 SHOPPING-HOMMES
Quelques publicités

EXPLOITATION

I. Langue

A. Vocabulaire

Le titre de cette page comporte un terme anglais. Relevez-en d'autres dans les publicités citées. Par quoi pouvez-vous les remplacer?

B. Syntaxe

a) Rétablissez des phrases complètes pour les publicités 1. 2. 5. 6. Qu'est-ce qui a été supprimé? Comment obtient-on un slogan?

b) Réduisez les phrases suivantes pour en faire des slogans :

— Voici Charlie, qui est le nouveau parfum sensuel de Revlon.

— Il est agréable de vivre en été dans un costume New Man.

— Les hauts et les bas des maillots de bain Huit sont vendus séparément.

II. Réflexion

Les publicités 1. 2. 3 (p. 128) jouent sur la même motivation du lecteur. Laquelle? De même, dégagez le point commun des publicités 4. 5. 6. (p. 128)

III. Humour

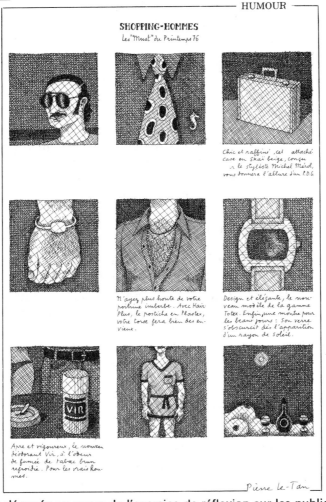

1. A l'aide des indices dégagés au cours de l'exercice de réflexion sur les publicités, rédigez les textes publicitaires qui manquent

2. Débat

La publicité :

        son importance dans votre pays;

        justification de son rôle;

        présente-t-elle partout les mêmes caractéristiques qu'en France? (rédaction du texte — motivations exploitées, etc.)

37
LA QUESTION CADEAU-SURPRISE

* Province du Canada

Assis comme ça, l'air de rien, au dernier rang de la classe, Petit Paul (on prononce "Ptipol") a cultivé des hectares de blé dans le Saskatchewan*, fait jaillir du pétrole en mer du Nord, pacifié les guerriers de la morue au large des côtes d'Islande et sauvé de la variole* tous les Indiens d'Amérique du Sud. Par fraternité. Ptipol habite une banlieue pauvre; il est l'Indien des achélèmes*.

* maladie

* cf. questions A1. Habitation à Loyer Modéré

Il a loupé toutes ses compositions du premier trimestre, même la géographie. Pourtant, il s'était préparé. Mais il aime trop rêver en regardant les cartes. Ses plus belles images se trouvent dans les atlas*. Depuis sa banlieue, il a des trains dans les yeux pour traverser la Sibérie.

* Livre de cartes de géographie

Aux derniers jours du trimestre, on lui a dit qu'il était nul, d'une nullité crasse, qu'on allait (...), convoquer ses parents pour leur annoncer qu'il ne serait jamais bon à rien. Il a douze ans.

Pendant les vacances de Noël, en attendant l'avenir, il a feuilleté son atlas, et beaucoup traîné surtout dans les allées du centre commercial de sa banlieue urbanisée.

* 31 décembre

* renforcer

Partout, on achète comme on pille. Depuis le début décembre jusqu'à la Saint-Sylvestre*, la vente des cadeaux ne remplace pas celle des produits ordinaires; elle s'y ajoute. Pour la stimuler*, il y a des présentateurs habillés de sourires qui encouragent à se procurer de tout.

"Approchez, mesdames! En répondant à une simple question, vous allez gagner un paquet géant de Super King Size Capital!"

* cf. question C 5

Poudre à laver? Comestible? Cosmétique? Peu importe. Les clientes s'agglutinent* en douceur; elles poussent devant elles des chariots en fil de fer.

"Voici la question, mesdames : quel est le sommet le plus élevé des Pyrénées?"

* cf. question C5

Aussi sec, les pousseuses de chariots s'éparpillent. Ça redevient comme à l'école.

"Allons, mesdames, qui va être la première à répondre?"

Extrait du *"Monde de l'Education"*.

Incontestablement, ce sera la moins rapide*. On fuit les Pyrénées. Les plus désespérées abandonnent leur butin*. En trois enjambées de tango*, le présentateur en épingle une, fort ridée.

— Madame, vous allez me dire quel est le sommet le plus élevé des Pyrénées !

— Heu ! fait la vieille dame.

— Voilà qui est intéressant ! Pourriez-vous préciser votre pensée ?

La vieille dame se replie presque entièrement dans le fil de fer de sa poussette*.

— Le sommet le plus haut des Pyrénées, madame, c'est...

Du bout de son micro, le présentateur va pêcher une voix mourante.

— Le Mont Blanc ! souffle la vieille.

— Pas exactement, madame !

La négation n'existe pas dans le langage de la vente forcée. Ptipol a l'impression que ce maître-là est poli. A l'école, les élèves qui répondent mal ont tort ; dans les supermarchés, les clientes qui ne savent rien ont raison.

— ...Pas exactement, madame, mais vous approchez !

Soulagées de constater qu'une victime (...) a été choisie, les pousseuses de chariots se regroupent. Ptipol fait comme elles ; il devient moins nul parmi les adultes.

* ...à s'éloigner du présentateur !

* cf. plus haut : "comme on pille"

* danse

* chariot

— Qui va emporter le paquet de Super King Size Capital ? Qui va me dire le sommet le plus haut des Pyrénées ?

— Ce serait pas Canigou*, par hasard ? demande une amie des bêtes.

— Le Lautaret*! crie une dame habillée en coureur cycliste.

— Pas exactement, mesdames, pas exactement !

Le présentateur sourit jusqu'au bout des oreilles ; la vieille dame se déride, elle sort de sa poussette en fil de fer.

— Z'êtes sûr que c'est pas le Mont Blanc ?

— Pas exactement ! Mais puisque vous vous intéressez au grand concours organisé par Super King Size Capital, je vais vous poser une deuxième question.

— C'est pour gagner Super King Kong ?

— Pas exactement ! Cette fois, c'est pour le cadeau surprise. Ecoutez bien la question-cadeau surprise ! Quelle est la hauteur exacte du Mont Blanc ? Vous aimez le Mont Blanc, madame, n'est-ce-pas ?

— Beaucoup ! soupire tristement la vieille.

— La hauteur du Mont Blanc, madame, je vois que vous la connaissez, c'est...

— C'est pas 300 mètres ?

— Pas exactement, madame, pas exactement !

— 307 mètres ! crie la coureuse cycliste.

— Nous approchons, mesdames, nous approchons !

— C'est trop ou pas assez, ce que j'ai dit ? demande la vieille dame.

— Pas assez, madame, pas assez ! Multipliez au moins par dix !

— 3000 ! proclame la sprinteuse.

— 4000 ! crie la vieille.

— 5000 ! hurle l'amie des bêtes.

— Nous brûlons, mesdames, nous brûlons !

— 6000 !

— 7000 !

— 10 000 !

— Pas exactement, mesdames...

Ptipol s'entend dire d'une voix ferme : "4 810 mètres ! Le Mont Blanc a 4 810 mètres d'altitude !"

C'est ce qu'il a lu ce matin dans son atlas. Le présentateur le happe*, le pose à côté de lui sur le podium*.

"Il a trouvé ! Mais oui, mesdames, ce petit bonhomme a gagné le cadeau-surprise ! On l'applaudit très fort !"

Les gens l'entourent, Ptipol sourit. Il n'est plus dernier, il a gagné au moins quelque chose. Plus tard, quand il sera grand, il sera présentateur.

Maintenant il faut rentrer à la maison avec le cadeau-surprise : c'est un berger allemand*. Quand il se dresse sur ses pattes de derrière, il est plus haut que Ptipol. Qui va le nourrir ? Que vont en faire ses parents ? Un méchoui ?* Le chien renifle, il a l'air enrhumé. Ptipol le tient en laisse pour sortir du magasin. On le regarde s'éloigner sur le trottoir. Instinctivement, le chien s'est mis à sa cadence et trotte à côté de lui, dans l'air froid du Nouvel An.

* Race de chien

* mouton rôti à la broche !

Jean Guénot
"Le Monde de l'Education", janvier 1976

EXPLOITATION DU TEXTE

I. Connaissance de la langue

A. Lecture des sigles

1. Dans les sigles suivants chaque lettre conserve la prononciation qu'elle a dans l'alphabet. **(Sigles à prononciation détachée)**

a) Les lire ou proposer une transcription phonétique.

b) Proposer une façon de les orthographier telle que la lecture de ce mot fantaisiste corresponde à la prononciation du sigle.

ex. des H.L.M.	[aʃelem]	"achélèmes"	signification
la S.N.C.F.			
un P.D.G.			
Un C.E.S.			
un C.E.T.			
la C.G.T.			
la C.F.D.T.			
une A.G.			
un O.S.			
la R.A.T.P.			
V.G.E.			
les U.S.A.			
l'U.R.S.S.			

2. Dans les sigles suivants, chaque lettre perd sa prononciation alphabétique. On lit ces sigles comme des mots. **(Sigles à prononciation liée)**

a) Les lire.

b) Donner leur transcription phonétique.

— l'O.T.A.N. [   ]   — Le C.R.E.D.I.F. [   ]   — L'U.N.E.F. [   ]
— Le B.E.L.C. [   ]   — Le C.R.O.U.S. [   ]   — L'U.R.S.S. [   ]
— L'O.N.U. [   ]

3. Complétez le tableau suivant en indiquant pour chaque sigle à quel type de prononciation il appartient

Sigles	Prononciation	Sigles à prononciation liée	Sigles à prononciation détachée
un I.U.T.	[iyte]		×
la F.E.N.	[Fɛn]	×	
le P.C.	[pese]		
le P.S.	[peɛs]		
la C.I.A.	[seia]		
l'U.N.E.S.C.O.	[ynɛsko]		

B. Syntaxe

1. Deux futurs à la forme interrogative

Supprimez le verbe "aller".

> *Ex.* Que vont-ils dire ? ⟶ Que diront-ils ?
> Qui va le nourrir ? ⟶
> Que vont-ils en faire ? ⟶
> Où va-t-on le mettre ? ⟶
> Où allons-nous installer sa niche ? ⟶

2. Écrivez au **style direct** le 3ᵉ paragraphe :

> Aux derniers jours du trimestre, on lui a dit : "Tu es . . . . ,. . . . . . . , on . . . .
> que . . . . rien".

3. Continuez la phrase suivante, en utilisant le dernier paragraphe :

> Quand il est rentré à sa maison, avec le cadeau-surprise, ses parents lui ont dit qu'ils . . . .

4. Réécrire le 2ᵉ paragraphe à la **première personne**

> (C'est Ptipol qui parle) "J'ai loupé . . . .

C. Vocabulaire

1. Cherchez dans le texte des **équivalents familiers ou argotiques** des mots soulignés dans les phrases suivantes :

> *Ex.* Les clientes sont d'une ignorance grossière. (crasse)
> Le voleur s'est fait attraper par les policiers. Il n'a pas réussi son cambriolage. On l'a conduit immédiatement au poste dans un car de police.
> (Les mots : policiers - cambriolage - car de police, peuvent aussi être remplacés par des équivalents argotiques. Lesquels?)

2. Trois préfixes : sur-, super-, hyper-

a) Avec les mots suivants et l'un de ces préfixes, le français a formé d'autres mots. Lesquels ?

> Marché - production - gelé - charge - carburant - nerveux - homme.
> *Ex.* le supermarché.
> *(Vérifiez l'existence du mot et sa signification dans le dictionnaire.)*

b) Connaissez-vous d'autres mots où l'on retrouve le préfixe -sur ?

3. Les différentes façons de dire

a) Relevez dans le texte les verbes et les expressions qui précisent les différentes façons de dire.

> *Ex.* "5000 ! hurle l'amie des bêtes."

b) Les classer par ordre d'intensité croissante.

c) Quels sont les noms correspondants ?

> *Ex.* hurler — hurlement.

d) "Dire d'une voix . . . ." Citez 5 adjectifs possibles après voix.

Remarque :

> Les questions (1) expression orale et (3) expression écrite utiliseront cet acquis lexical.

4. Les différentes façons de rire

a) Relevez dans le texte les verbes ou expressions qui correspondent aux visages ci-dessous :

b) Employez le verbe qui convient :

> C'est à peine si son visage se . . . . quand elle . . . . ; Lui, au contraire, il . . . . oreilles avant d'éclater de . . . .

5. Les mouvements des acheteuses

a) Relevez dans le texte les verbes évoquant ces mouvements et correspondant aux schémas ci-dessous.

(P = le présentateur, ⟶ mouvement des acheteuses.)

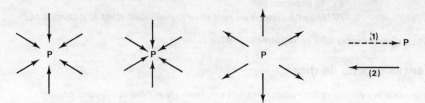

b) Complétez avec les verbes qui conviennent :

Nous nous étions trop avancés, il fallait nous .... Nous nous sommes .... dans tous les coins. Plus tard, nous nous sommes .... autour du feu.

c) Utilisez ces verbes pour décrire les mouvements d'une troupe de soldats.

II. Techniques pour l'expression

1. Lecture expressive

Distribuez les rôles : l'auteur — le présentateur — Ptipol — les acheteuses : la vieille dame — l'amie des bêtes — la "coureuse" cycliste. Le ton de la lecture des répliques devra montrer que le sens des verbes étudiés, dans la question 3 de vocabulaire, est compris.

2. Dialogues. Jeux

Les questions du présentateur

a) Préparation :

— relevez les différentes façons de poser la même question,

— relevez les appréciations portées par le présentateur sur les réponses fausses.

b) Déroulement :

— un élève-présentateur pose une question, en utilisant les éléments relevés qui lui serviront aussi pour commenter les réponses,

— les autres élèves essaient de trouver la réponse.

3. Expression écrite

a) Rédigez les **observations du maître** sur le travail et les résultats de Petit Paul à la fin du premier trimestre.

b) Rédigez un **dialogue** en précisant le ton des paroles échangées, les mouvements et déplacements des personnages, de telle façon que la scène puisse être jouée.

4. Débats. Sujets :

a) l'école et les cancres : école inadaptée à l'élève ou élève inadapté?

b) Techniques de ventes et société de consommation.

38
ASTROLATRIE

Le retour des sorciers

Mme Soleil* inculpée* d'une fraude fiscale* de 250 000 francs : je ne suis pas méchant, mais l'avouerai-je? la nouvelle m'a arraché un sourire. Pour un tel astre*, quelle éclipse*! Et quelle imprévoyance!

(...) Un groupe de savants a publié un communiqué dénonçant l'absence de bien-fondé de l'astrologie et ses ravages sur les têtes fragiles. Mais il en faut plus pour ébranler la suffisance* des magiciens et la prodigieuse crédulité* des gogos*.

(...) Le coup porté à Mme Soleil a-t-il eu des contrecoups dans les chaumières? J'interroge, pour le savoir, une jeune personne que je vois souvent, horoscope en main.

— Alors, Françoise, tu y crois toujours?

— Pourquoi pas? répond-elle (...) Faut* bien que je surveille mon avenir!

— Mais si cette pauvre femme ne peut même pas prévoir le sien...?

Elle me coupe*, gênée. Sa foi dans les signes ne se démontre pas. (...) Au risque de lui faire perdre sa petite cervelle, j'insiste.

— Mais Françoise! Comment imaginer qu'une planète, parce que tu es née à telle heure, puisse, à des millions de kilomètres...

— Tout le monde y croit.

Vais-je lui répondre que la majorité a toujours tort? Selon l'Irès-Marketing*, il y aurait effectivement de plus en plus de monde pour croire à ce symbole des chefs-d'œuvre de l'absurdité dont l'esprit humain est capable : l'astrologie. Trente pour cent des Français penseraient qu'il y a "quelque chose de vrai" dans les horoscopes; 60 % liraient la rubrique astrologique; 12,5 % auraient consulté une voyante; et le marché des sciences occultes* serait de quatre millions de clients potentiels*, dont un million d'acheteurs spécialisés. Qu'il y ait parmi eux trois femmes pour un homme, que la majorité, citadine, ait de dix-huit à trente-cinq ans, cela en dit long* sur les malades de l'imaginaire. Que professions libérales, employés et commerçants soient en tête de ces jobards* est un hommage au bon sens paysan, voire ouvrier. Mais comment oublier que si 30 % des Français croient,

* Astrologue célèbre

* accusée officiellement

* de tromperie portant sur les impôts.

* cf. son nom!

* disparition d'un astre

* prétention

* défaut de ceux qui croient ce qu'on leur dit

* gogos : personnes faciles à tromper

* Il faut bien

* Elle m'interrompt

* institut de sondage

* Ex. : astrologie, magie...

* personnes prêtes à devenir des acheteurs

* nous en apprend beaucoup

* crédules, cf. "petite cervelle"

* qui éloigne de l'action collective

* qui rapporte des bénéfices.

* Dictionnaire

donc, à "ça", un électeur sur trente est syndiqué? Quoi de plus démobilisateur* que ces horoscopes où la peine est toujours récompensée et l'effort rentable*? Quand on ne peut pas changer le monde, on change de monde.

(...) "Astrologie : superstition qui, de nos jours, a disparu depuis longtemps", dit le *Larousse** de ...1914.

Pierre Leulliette
"Le Monde", 13-14 juin 1976

I. Vocabulaire

Le sens de **changer** est différent selon la structure à laquelle il appartient.

En vous reportant au tableau ci-dessous, dites quel est le sens de changer dans les phrases suivantes :

J'ai changé de voiture.
Une virgule peut changer le sens de la phrase.
Je n'y vois rien, je vais changer de place.
Son adresse a changé.
Il faut changer la serrure.
Ici, vous pourrez changer votre argent.
Ces nouvelles constructions changent la ville.

	structures	sens			
	complément	remplacer	modifier	échanger	se déplacer
changer	+	+	+		
changer de	+	+		+	+
changer	Ø		se modifier		

II. Techniques pour l'expression

1. Complétez les phrases inachevées du texte :

"Mais si cette pauvre femme ne peut même pas prévoir le sien..."

"Comment imaginer qu'une planète, parce que tu es née à telle heure, puisse, à des millions de kilomètres..."

2. Rédigez le **"communiqué"** publié par un groupe de savants "dénonçant l'absence totale de bien-fondé de l'astrologie et ses ravages sur les têtes fragiles"

3. A partir du texte et des résultats de l'enquête citée, présentez le **portrait psycho-sociologique** du lecteur-type de la rubrique astrologique

4. Complétez cette enquête, en rédigeant un **questionnaire** sur les motivations de la lecture des horoscopes

5. **Essai philosophique** : Foi, superstition et rationalisme

6. Imaginez un **portrait psychologique** de Françoise

39
PARIS GARE DE LYON
15 NOVEMBRE 1955 8 H 08

A droite, au travers de la vitre fraîche à laquelle s'appuie votre* tempe, et au travers aussi de la fenêtre du corridor à demi ouverte devant laquelle vient de passer un peu haletante une femme à capuchon de nylon, vous* retrouverez, se détachant à peine sur le ciel grisâtre*, l'horloge du quai où l'étroite aiguille des secondes poursuit sa ronde saccadée*, marquant exactement huit heures huit, c'est-à-dire deux pleines minutes de répit* encore avant le départ...

Au moment où vous demandiez à l'employé qui vous poinçonnait le billet que vous veniez d'acheter au guichet des relations internationales quel était le quai où vous deviez vous rendre, vous vous êtes aperçu qu'il était presque en face de vous, avec son cadran à l'entrée aux aiguilles immobiles marquant non point l'heure qu'il était mais celle où le train devait partir, huit heures dix, et la pancarte indiquant les principaux arrêts de cette liste que vous connaissez par cœur : La Roche, Dijon, Châlon, Mâcon, Bourg, Culoz, Aix-les-Bains, Chambéry, Modane, Turin, Gênes, Pise, Roma-Termini, (...) et vous avez profité des quelques instants qui vous restaient encore* pour acheter sans le choisir le livre qui depuis n'a pas quitté votre main gauche, ainsi que le paquet de cigarettes encore intact* qui se trouve dans la poche de votre manteau, sous votre écharpe.

* votre, vous, désignent le narrateur qui conte sa propre histoire

* tirant sur le gris
* l'aiguille se déplace par petits sauts
* repos, délai

* percer le billet pour le contrôler

* = quelques instants de répit
* (ici) entier

Michel Butor, *La Modification* pp. 13 et 21

Collection 10/18, 1970 (U.G.E.)
copyright Ed. de Minuit, 1957

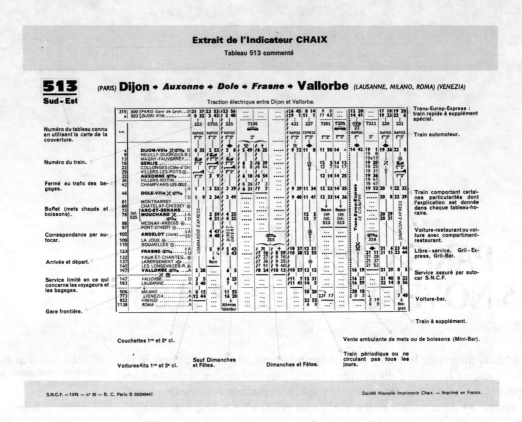

EXPLOITATION DU TEXTE

I. Connaissance de la langue

Syntaxe

1. Un emploi particulier du pronom personnel "vous"

a) Le récit d'une aventure arrivée à quelqu'un se fait généralement à la 3e personne. Remplacez oralement ou par écrit le "vous" du texte par "il" (attention à "votre"!)

b) A quelle personne un héros de roman raconte-t-il d'ordinaire sa propre histoire? Substituez-la au "vous" du texte.

c) Comparez les versions a) et b) au texte. Essayez alors de comprendre et de justifier l'emploi du "vous".

2. Ponctuation

Complétez la ponctuation du texte. En particulier, distinguez dans le deuxième § deux phrases complètes, centrées l'une sur le verbe ''vous vous êtes aperçu'', l'autre sur ''vous avez profité''.

3. Schématisation

Inscrivez la première phrase du texte dans le schéma suivant :

```
A droite  . . . . . .                                         au travers  . . . . . .

        à laquelle                                et                  devant laquelle
          . . . . . . .                                              . . . . . . . . . . .
            . . . . . . . ,          vous retrouvez                    . . . . . . . . . . ,
                                     . . . . . . . . . .
                                     . . . . . . . . . .
                                                 où  . . . . . . .
                                                      . . . . . . . . . ,
                                     . . . . . . . . . .
                                     . . . . . . . . . .
```

4. Questions-Réponses

La réponse aux questions simples que voici vous aidera à une compréhension exacte de la structure des phrases au § 2.

— Qu'est-ce que le voyageur a demandé à l'employé?

— Que faisait l'employé?

— Où a été acheté le billet?

— Que trouve-t-on à l'entrée du quai?

— Qu'est-ce que le voyageur a acheté avant son départ?

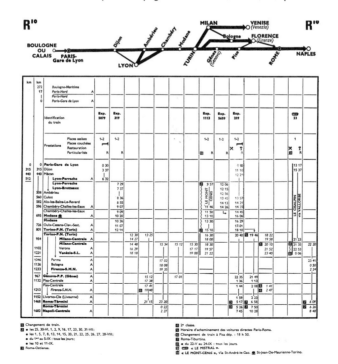

II. Techniques pour l'expression

A la gare

ET D'ABORD QUELQUES CONSEILS...

Extrait du "Guide pratique 1976 du voyageur S.N.C.F."

POUR OBTENIR VOTRE BILLET,

précisez bien au vendeur ce que vous désirez :

- billet "aller" ou "aller-retour" ;
- le cas échéant avec réduction (en présentant votre titre de réduction) ;
- la classe (2ᵉ ou 1ʳᵉ) ;
- la destination ;
- l'itinéraire (par exemple, via Paris) si plusieurs itinéraires sont possibles ;
- le nombre de voyageurs (adultes, ou enfants de 4 à moins de 10 ans) ;
- la date et autant que possible l'heure de départ.

Votre billet vous sera ainsi délivré rapidement et sans risque d'erreur.

POUR ÊTRE SÛR D'AVOIR UNE PLACE DANS LE TRAIN DE VOTRE CHOIX,

réservez votre place, assise ou couchée, le plus longtemps possible à l'avance, surtout si vous partez en période d'affluence.

Guide pratique 1976 *du voyageur S.N.C.F.*

Suivez ces conseils et imaginez que vous demandiez un billet :
— pour le même voyage que celui du texte ;
— pour le train suivant : Bordeaux-Vintimille ; départ 22 h ; en 2ᵉ classe.

- Sachez lire un **indicateur d'horaire.**

a) La page 139 vous présente un extrait commenté de l'**indicateur Chaix.** Apprenez la signification des symboles utilisés. Traduisez en clair toutes les caractéristiques du train de la 3ᵉ colonne (2356). Quelles sont les principales étapes du trajet ?

b) La page 141 est celle que le voyageur du texte a dû consulter avant de partir.
— Dans quelle colonne est indiqué son train ? De quelle catégorie de train s'agit-il ?

Quels services comporte-t-il ? Quelles autres catégories de train pourriez-vous prendre pour aller de Paris à Rome ?
— Retrouvez les villes-étapes indiquées par le narrateur ; lire à haute voix les heures d'arrivée et de départ dans chacune d'elles.

- **Quelques pictogrammes** (= symboles) **utilisés par la S.N.C.F.**

Attribuez à chacun la signification convenable :

Guichet des billets

Enregistrement des bagages

Salle d'attente

40
DE L'ESPOIR POUR
CINQ FRANCS*

* prix du pari minimum

(...) Le tiercé prospère; huit millions de parieurs qui jouent chacun, en moyenne, 600 francs par an. L'extraordinaire publicité dont il bénéficie n'explique pas tout. Quand un phénomène atteint cette ampleur, cela mérite qu'on y réfléchisse. (...)

Pourquoi cette passion (...) chez tant de braves gens (...)? Que cherchent-ils donc dans le tiercé?

Ils cherchent, c'est évident, à gagner facilement de l'argent. Ils n'y réussissent pas toujours et même pas souvent, et il en est qui n'y parviennent jamais. Et cependant ils ne se découragent pas. Car le tiercé, qu'on gagne ou qu'on perde, n'est pas seulement affaire d'argent, c'est aussi tout autre chose.

D'abord, c'est un acte social qui fait oublier pour un temps le fardeau* de la solitude. Autour du guichet, une foule joyeuse se presse qui semble vous attendre, vous accueillir comme un ami, comme un frère. On se parle sans se connaître, on échange des plaisanteries ou des renseignements, on se prête volontiers la pince* ou le stylo qui sont les outils de ce travail-là, on communique enfin. Cette chaude atmosphère de camaraderie et de bonne humeur n'a pas de prix dans notre monde dur et, de vos cinq francs, vous voilà déjà largement remboursé.

* le poids

* (ici) outil qui sert à poinçonner le ticket

Ensuite, ne croyez surtout pas que le tiercé soit un jeu de hasard. En apparence, choisir trois chevaux sur une vingtaine de partants, ce n'est pas sorcier* : il y a presque toujours un favori et les deux autres, on finira bien par les dénicher parmi la demi-douzaine de noms qui reviennent dans tous les pronostics*. Car la presse, la radio, la télévision, qui ont tant fait pour accréditer* le tiercé, l'officialiser*, lui donner en quelque sorte ses lettres de noblesse*, sont là pour vous éclairer. Ils sont tous là ou presque, de "l'Humanité" au "Figaro"* et de la télévision d'Etat aux radios privés, car le tiercé n'a pas de couleur politique. Et puis, à une époque où on manipule sans cesse des nombres fantastiques dès qu'il est question de

* ce n'est pas difficile

* prévision

* donner au tiercé une place officielle, reconnue

* journaux français de gauche à droite

143

population, de budget, de vitesse, ou de distance, comment ne réussirait-on pas à trouver les deux petits chiffres tout simples qui vous apporteront la fortune?

Seulement voilà, pour mettre toutes les chances de son côté, il faut s'informer, réfléchir, calculer, en un mot, il faut être intelligent. Le "turfiste" — puisque c'est ainsi qu'on le nomme — est un ingénieur qui prépare ses plans, un champion qui s'entraîne, un général qui construit sa victoire. Il n'a rien de commun avec celui qui s'abandonne aux caprices du hasard, impuissant, balloté au gré d'une bille, d'une boule ou d'une sphère*. Le tiercé n'est pas une loterie; c'est une technique, une science et une stratégie*. Si certains jouent inlassablement leur numéro de téléphone ou la date de naissance de leur femme, c'est parce qu'il faut quand même laisser une porte ouverte à la chance. Toutefois, la plupart de ceux qui agissent ainsi jouent deux fois : l'une avec les forces mystérieuses qui tiennent tant de place dans notre univers-astrologie, occultisme*, prémonition, présage; l'autre avec leur intelligence et leur savoir-faire. (...)

Ce n'est pas tout. Il y a toute une mythologie du tiercé. Une imagerie obsédante s'impose confusément : aux courses, on voit, on côtoie des hommes riches et célèbres coiffés de hauts-de-forme, des élégantes, (...) toute une aristocratie de la puissance et de la fortune. (...) Loisirs populaires, copies non conformes — mais qui sait, peut-être?... — des coûteux plaisirs des riches.

* allusion aux loteries, jeux de hasard

* cf. voc 2.

* cf. texte Astrolâtrie

* cf. voc 1. b

144

Le carnet de Paris, acquis à la caisse du tabac, n'a-t-il pas déjà la forme, l'aspect d'un carnet de chèques? La pince, maniée à sa guise selon l'inspiration du moment, fait naître un homme libre qui fixe son destin d'une pression du pouce. (...) Avec sa fièvre, son jargon*, ses calculs et ses espérances, le Bistrot devient une Bourse où le joueur mué* en homme d'affaires, en financier habile, engage toute son expérience pour vaincre et gravir ainsi d'un coup les échelons, se rapprocher quelque peu de ces personnages prestigieux, qu'il coudoie en imagination.

* langage particulier

* transformé

Dans tout cela, on a un peu perdu de vue le principal gagnant, le seul qui soit assuré de rafler les enjeux puisqu'il en empoche près du quart (...) : l'Etat. (...) M. Chéron, qui fut, à maintes reprises, ministre de l'Agriculture et quatre fois ministre des Finances, s'était écrié à la tribune de la Chambre : "Sur le jeu, tout le monde a la même opinion. Mais il s'agit de savoir si, quand on ne le réglemente pas, et quand on n'en tire pas profit, les gens ne jouent pas tout de même. Eh bien si!, ils jouent tout de même, et le Trésor n'en recueille rien. Je rends hommage à la vertu, mais, dans la circonstance, la vertu n'est pas servie. J'aime mieux, si les gens jouent, que ce jeu produise quelque chose pour notre agriculture."

M. Fourcade* pourrait reprendre mot pour mot cette déclaration, sauf à ajouter... : "...et pour le budget de l'Etat." (...) Ainsi le tiercé, réhabilité par sa finalité* principale comme il est anobli dans l'esprit de ses participants par son objectif même, apparaîtrait-il pour ce qu'il est dans la réalité sinon dans les principes : une grande cause nationale.

* ministre des Finances à ce moment.

* racheté par son utilisation

Pierre Viansson-Ponté
"Le Monde", 11-12 janvier 1976

EXPLOITATION DU TEXTE

I. Connaissance de la langue

A. Phonétique :

1. Élision et liaison

"tout le *monde à* la *même opinion*"
[mõda]   [mɛmopiŋõ]

"*hommage à* la vertu"
[omaʒa]

"*notre agriculture*"
[nɔtragrikyltyr]

2. Liaison particulière

"quand on n'en tire pas profit"
[Kãtɔ̃]

"un grand homme
[grãtɔm]

Exercice

a) Lire à haute voix :

Un grand ami du ministre a déclaré : "Le ministre a l'intention de faire en sorte que notre agriculture tire un meilleur profit du tiercé. C'est un argument que j'approuve tout à fait. L'agriculture a besoin de recevoir des aides très importantes. Sans cela, son développement est compromis et incertain, il est fort improbable dans une situation difficile."

b) Les 3 dernières phrases permettent d'illustrer les différents cas où l'on fait obligatoirement la liaison :

— après le verbe être
— dans des expressions adverbiales courantes
— entre le déterminant et le nom
— entre l'adverbe et l'adjectif
— entre la préposition et le mot suivant

c) La dernière phrase permet d'illustrer trois cas de liaisons interdites. Pouvez-vous indiquer lesquels ?

B. Syntaxe

1. Structures avec "c'est..."

a) Relevez les expressions du texte correspondant à ces structures :

— c'est + adjectif
— c'est + nom ou + groupe de nom
— c'est + proposition

b) Réemployer ces structures pour définir, par exemple, le plaisir que procure la vitesse :

"La vitesse c'est..."

2. Le subjonctif présent

a) J'aime mieux que ce jeu produise,,,

A l'aide du tableau suivant, construire des phrases de ce type :

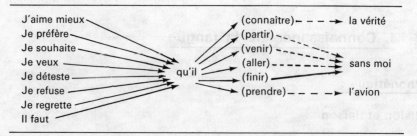

L'exercice peut être poursuivi :

— en remplaçant *il* successivement par *tu, vous, ils*
— en remplaçant *je* par *il*, et *il* par *je* puis *nous*

ex. il aime mieux que je...

il aime mieux que nous . . . .

b) Je crois que le tiercé est un jeu de hasard.

— Non, ne croyez pas que le tiercé soit un jeu de hasard.

— Je crois que le tiercé est une sorte de drogue.

— Non, ne croyez pas que . . . .

— Je crois qu'il faut le supprimer.

— Non, je ne crois pas qu' . . . .

— Je crois que le tiercé fait plus de mal que de bien.

— Je ne crois pas que . . . .

— Je pense que le prochain gouvernement devra le supprimer.

— Je ne pense pas que . . . .

— Je pense que le prochain ministre des Finances pourra le supprimer.

— Je ne pense pas que . . . .

— Je crois que le tiercé a des aspects positifs.

— Je ne crois pas que . . . .

c) L'État est le seul qui soit assuré de rafler les enjeux.

Il est le seul qui . . . . (pouvoir) . . . . . . vous renseigner

(savoir) . . . . . . vous renseigner

(faire) . . . . . . son travail correctement

(être) . . . . . . sérieux

Construire les phrases

d) "Le tiercé, qu'on gagne ou qu'on perde, n'est pas une affaire d'argent".

Même si l'on gagne, ⎰
Même si l'on perd, ⎱ le tiercé n'est pas une affaire d'argent.

Transformer les phrases suivantes :

Même s'il . . . . ⎰
Même s'il y a du vent ⎱ qu'il pleuve ou qu'il vente, je partirai

Même s'il part, ⎰
Même s'il reste, ⎱ cela ne me dérange pas ⟶ Qu'il . . . . ou qu'il . . . . .

Même s'il gagne, ⎰
Même s'il perd, ⎱ il mérite d'être encouragé ⟶ Qu'il . . . . ou qu'il . . . .

3. EN et Y : substituts

a) Retrouver dans le texte ce que en *et* y *remplacent :*

(ex. il y songe = il songe à venir s'installer dans le Midi).

— Ils n'y réussissent pas toujours = Ils ne réussissent pas toujours à . . . .

— Il en est qui n'y parviennent jamais = Certains ne parviennent . . . .

— Quand on n'en tire pas profit = ...

— Le Trésor n'en recueille rien = ...

b) Supprimer les répétitions en utilisant en *ou* y *:*

Je connais Paris; je vais souvent à Paris.

. . . .   j'ai vécu deux ans à Paris.

. . . .   je viens de Paris.

c) Compléter les formules :

à + complément =

de + complément =

C. Vocabulaire

1. Mots de sens voisin

a) Relier d'une flèche les mots de sens voisin :

profit •   • dénicher

mythologie •   • coudoyer

trouver •   • encaisser

côtoyer •   • imagerie

empocher •   • bénéfice

*b) Certains des verbes ci-dessus sont **dérivés d'un nom** qui permet de comprendre la petite différence de sens qui les sépare. Retrouvez ces noms :*

dé/nicher < nid

côtoyer <

coudoyer <

empocher <

encaisser <

2. Compléter le tableau suivant en utilisant trois mots du paragraphe 5

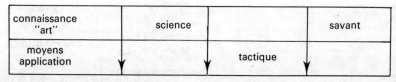

connaissance "art"	science		savant
moyens application	↓	tactique ↓	↓

Ce tableau signifie qu'il existe la même relation entre la science et la . . . . qu'entre la . . . . et la stratégie et entre le savant et l' . . . . .

3. a) Relevez les mots et expressions qui marquent les **étapes du raisonnement**

 b) Quelles sont les expressions équivalentes à :

mais voilà :

de plus :

4. Récapitulez le **vocabulaire technique du "jeu"**

II. Techniques pour l'expression

Expression écrite

1. Analyse

Complétez le tableau suivant :

GRANDES PARTIES	IDÉES PRINCIPALES	ILLUSTRATIONS idées annexes
I. Introduction : La question.	§ 1 : Un fait : la prospérité du tiercé. Une question : pourquoi ?	— nombre de parieurs — moyenne des enjeux
II. Les réponses.	§ 2 :	
	§ 3 :	
	§ 4.5.6 :	4 5 6
	§ 7.8 :	7 8
III.		

2. Synthèse :

Illusions et réalités du tiercé

a) Regrouper les idées du texte sous les deux rubriques suivantes :

— illusions du tiercé
— réalités du tiercé

b) Rédiger selon ce plan cette synthèse et conclure sur le rôle ambigu du tiercé.

3. Essai écrit : portrait psycho-sociologique du parieur

Expression orale

Jeu : un débat à l'Assemblée nationale sur le tiercé

Organisation :

— désigner un président,
— organiser des "groupes parlementaires" aux opinions diverses,
— choisir dans chacun un porte-parole qui interviendra pour présenter l'opinion du groupe (condamnation ou défense du tiercé) et pour justifier son vote,
— pour la défense du tiercé : utiliser les arguments de M. Chéron et ceux de l'auteur,
— pour la condamnation, s'efforcer de réfuter ces arguments et d'y répondre.

41
L'ART D'ECRIRE

Jeune cadre d'entreprise, j'ai été chargée le 11 septembre d'établir une lettre circulaire à notre clientèle afin de lui faire part... inutile d'en dire plus, c'est une histoire à répétition.

*débutant

Opérant avec la diligence qui caractérise tout néophyte*, j'ai apporté, dès le lendemain, un projet de lettre au sous-chef de bureau :

"Nous avons l'honneur de vous informer que, par suite d'une augmentation des cours du cuivre, nos tarifs subiront un accroissement de 3,50 % à compter du 1er octobre prochain."

Progressant suivant la voie hiérarchique, le texte rédigé par mes soins devait être visé successivement par le sous-chef, le chef de bureau, le chef de département et le directeur adjoint, avant d'être signé par le directeur.

*correction, modification

Voici comment il a évolué au fur et à mesure de son remaniement* par mes supérieurs.

Après corrections du sous-chef de bureau, le 14 septembre : "Nous avons l'honneur de vous signaler que le cuivre ayant augmenté de 3,5 %, notre tarification sera modifiée dans le même sens à partir du 1er octobre."

Après visa du chef de bureau, le 19 septembre : "Nous avons l'honneur de vous faire savoir que, par suite d'une élévation du prix du cuivre, nous nous trouvons dans l'obligation de faire subir à nos tarifs une augmentation de 3,5 %, et ce, dès le 1er octobre prochain."

Version du chef de département, le 26 septembre : "Nous avons le regret de vous indiquer qu'à la suite d'une brusque montée des matières premières, et plus particulièrement du cuivre, nous sommes contraints d'apporter à l'établissement de nos prix un accroissement égal à 3,50 % à compter du mois d'octobre prochain."

Texte refait par le directeur adjoint, au retour d'un voyage d'études, le 1er octobre : "Devant une flambée des cours du cuivre, nous nous sommes vus dans l'obligation de revoir entièrement nos prix. En conséquence, le

*sans compter les taxes

montant de nos facturations sera supérieur de 3 %, hors taxes* à dater du 1er octobre."

Un nouvel accès de fièvre ayant frappé le cuivre le 2 octobre, le directeur lui-même a dicté à sa secrétaire la sixième et dernière édition, urgente, de la circulaire : "Après deux augmentations successives des cours mondiaux du cuivre, nous ne pouvons plus retarder la répercussion sur nos tarifs de cet alourdissement de nos charges. Aussi, à compter du 15 octobre prochain, nos produits subiront une hausse de 4,2 % hors taxes."

Tincobol
"Le Monde", 4-5 avril 1976, p. 16

EXPLOITATION DU TEXTE

I. Connaissance de la langue

A. Phonétique. Étude du son [s]

1. a) Voici des mots du premier § qui comportent le son [s]. Transcrivez-les en phonétique

septembre :
circulaire :
adresse :
ensemble :
histoire :
répétition :

Conclusion *quelles sont les différentes graphies du son [s]?*

b) Relevez dans le texte d'autres exemples de ces graphies et répartissez-les dans le tableau ci-dessous :

b) Relevez dans le texte d'autres exemples de ces graphies et répartissez-les dans le tableau ci-dessous :

graphie n° 1 s	graphie n° 2	graphie n° 3	graphie n° 4	. . . .
ex. septembre				

2. Attention! La lettre -s- ne correspond pas toujours au son [s]

— Relevez 3 autres exemples et les transcrire en phonétique.

— Comparez ces mots avec : signer, histoire, ensemble, où la lettre — s — se prononce [s]. Pouvez-vous dégager la règle de prononciation ?

b) — s — peut ne pas se prononcer : cours, tarifs, vus.

Quelle remarque faites-vous ?

B. Syntaxe

1. Tournures nominales

Certaines phrases du texte ne comportent pas de verbe. On peut les modifier. Ce sont :
— "Après corrections du sous-chef de bureau, le 14 septembre :"
— "Après visa du chef de bureau, le 19 septembre :"
— "Version du chef de département, le 26 septembre :"
— "Texte refait par le directeur adjoint, au retour d'un voyage d'études, le 1er octobre :"

a) Introduire le présentatif **voici**

Ex. Voici le texte après corrections du sous-chef...
Procéder de même pour les autres phrases.

b) Introduire un **verbe**

Ex. Après corrections du sous-chef de bureau ⟶ Le sous-chef de bureau corrigea ainsi le texte.

De même :
Après visa du chef de bureau ⟶
Texte refait par le directeur adjoint ⟶
Version du chef de département ⟶
(pour ce dernier exemple, employer le verbe écrire ou rédiger + le nom version.)

2. La proposition participe

Voici, dans le texte, deux expressions de la même idée :
— Par suite d'une augmentation des cours du cuivre, nos tarifs seront modifiés.
 G N
— Le cuivre ayant augmenté de 3,50 %, nos tarifs seront modifiés.
 S V participe
 = **proposition participe**

a) Sur le même modèle, transformez les phrases suivantes :
— A la suite des manifestations d'étudiants, l'université est fermée.
— A cause de la persistance de la sécheresse, les récoltes sont insuffisantes.
— Après la signature du cessez-le-feu, la ville a retrouvé le calme.

b) On peut opérer la transformation inverse :
"Un nouvel accès de fièvre ayant frappé le cuivre, le directeur a dicté une dernière circulaire."
"A la suite d'un nouvel accès de fièvre du cuivre,..."

Appliquez cette transformation aux phrases suivantes :
— Un grave accident ayant eu lieu sur la RN 7, la circulation a été déviée.
— Un incendie de forêt s'étant déclaré dans les Cévennes, deux villages menacés ont été évacués.

c) A la place de :

"Le cuivre ayant augmenté de 3,5 % ..."

on peut dire aussi :

Comme ⎰ le cuivre a augmenté de 3,5 % ...
Parce que ⎱

Transformez sur ce modèle les phrases du § b).

C. Vocabulaire

1. La voie hiérarchique

a) Rétablir celle indiquée dans le texte :

sous-chef de bureau — chef de département — directeur adjoint — jeune cadre — chef de bureau — directeur.

b) En utilisant le préfixe *sous-* et/ou le mot adjoint, former, à partir des noms suivants, de nouveaux titres de fonction : chef de service — directeur — secrétaire.

c) Toutes les administrations ou les entreprises connaissent la voie hiérarchique.

En vous aidant d'un dictionnaire, pouvez-vous classez selon la hiérarchie le personnel :

— d'un lycée : surveillant — proviseur — censeur — surveillant général.
— d'un magasin : PDG — chef de rayon — sous-chef de rayon — chef de magasin.
— d'une firme : directeur régional, national, départemental.
— d'un ministère : sous-secrétaire d'Etat — ministre — secrétaire d'Etat.

2. Différentes façons de dire la même chose

1re série. Verbes du texte : "informer — signaler — faire savoir — indiquer — faire part." Quel sens ont-ils en commun ?

Attention !

je signale
je fais savoir ⟩ quelque chose
j'indique

je fais part ⟩ de quelque chose
j'informe

Voici une information :

(Fac-similé de titre)

LA TERRE A TREMBLÉ AU NICARAGUA !

Voici un faire-part :

Adrien
a le plaisir de vous
annoncer la naissance
de   Clémence

A votre tour, annoncez à l'aide des verbes ci-dessus :

un mariage — une victoire sportive — une coupure d'électricité — le changement de propriétaire d'un magasin.

— **2e série.** Les synonymes d'**augmentation** dans le texte :

une augmentation — une élévation — une montée — une flambée — un accroissement — une hausse.

a) *Lequel de ces termes évoque-t-il par une image une augmentation soudaine?*

Peut-on l'utiliser pour une augmentation :
— de la violence ?   oui   •   non   •
— de la production du lait ?   oui   •   non   •
— de l'érotisme ?   oui   •   non   •
— des accidents de la route ?   oui   •   non   •

b) *Trouver les verbes correspondant à ces noms (N. B. : il peut y avoir deux verbes pour un nom).*

ex. élévation $\begin{cases} \text{élever} \\ \text{s'élever} \end{cases}$

c) *En utilisant ces verbes, transformez les expressions suivantes en phrases :*

● L'augmentation des prix ⟶ Les prix augmentent.
● L'élévation de la température ⟶
● La montée des eaux ⟶
● Une flambée de colère dans ses yeux ⟶
● L'accroissement des naissances ⟶

d) *Au lieu de dire :*

"Les prix augmentent."

on peut dire aussi :

"Les prix subissent une augmentation."
Ceci est une *périphrase*.

Trouvez-en deux autres exemples dans le texte.

e) *Et si les cours du cuivre baissaient ?*

Cherchez une série de noms et les verbes correspondants traduisant ce **changement dans le sens de la baisse.**

— **3ᵉ série**   relevez deux expressions de sens équivalent à : "à compter du ...."

II. Techniques pour l'expression

La lettre circulaire

A qui s'adresse-t-elle : ici? en général?
Le ton de la lettre sera-t-il neutre? enthousiaste? affectueux?
Faut-il employer des tournures familières? savantes? générales?

a) *Deux exercices d'application :*

— rédigez la lettre circulaire informant la clientèle d'un magasin spécialisé dans la vente par correspondance qu'à partir du .... les commandes pourront être prises par téléphone au 747-40-11.

Utilisez le matériel lexical fourni par le texte ainsi que les expressions suivantes :

● un simple coup de téléphone suffira pour ....
● un nouveau service ....
● une facilité nouvelle offerte à notre clientèle ....

— rédigez une circulaire destinée à toutes les administrations et demandant la réduction du chauffage dans les bâtiments administratifs.

b) Les formules de politesse :

Nous avons l'honneur de . . . .   la joie de . . . .   le plaisir de . . . .

Nous avons le regret de . . . .   la douleur de . . . .

Nous nous trouvons dans l'obligation de . . . .

Nous nous sommes vus dans l'obligation de . . . .

Nous sommes forcés de . . . .   Nous sommes contraints de . . . .

Choisissez l'une de ces formules pour annoncer à quelqu'un les nouvelles suivantes :

— une invitation à une réception,

— la suppression du téléphone à partir du mois prochain,

— la faillite de sa banque,

— l'acceptation de sa candidature au poste de directeur.

c) **Jeu** : *lesquelles parmi les expressions suivantes ne font pas partie du style administratif ?*

— nous vous prions de bien vouloir . . . .

— nous vous embrassons affectueusement . . . .

— Que Dieu vous bénisse !

— Nous souhaiterions recevoir bientôt . . . .

d) Comparez les différentes versions de la lettre circulaire proposées dans le texte.

— quelle est la plus simple ? la plus compliquée ?

— Quelle est la plus directe ? la plus atténuée ?

Pouvez-vous expliquer pourquoi ?

e) A votre tour, en utilisant les circulaires rédigées dans l'exercice a), pouvez-vous en proposer différentes versions en les attribuant à des personnes de niveau hiérarchique différent ?

Expression orale

a) Vous êtes le supérieur de ce jeune cadre :

1) Vous le convoquez dans votre bureau pour lui demander de rédiger la fameuse circulaire. *Jouez la scène à 2.* (enregistrement au magnétophone souhaitable).

2) Vous lui adressez ensuite une *note écrite* pour lui rappeler ce qu'il doit faire.

Observer les différences d'expression entre 1 et 2.

b) Le ricochet

Jouez les scènes suivantes :

1) le jeune cadre présente son travail à son supérieur qui lui adresse quelques critiques.

2) le sous-chef de bureau va à son tour devant son supérieur pour lui présenter sa version. Nouvelles critiques.

3) le chef de bureau...

c) Et si tous ces cadres d'entreprise étaient réunis autour d'une table et discutaient de la meilleure version à adopter ?

Vous pouvez jouer la scène soit sur le mode sérieux, soit sur le mode humoristique.

Après discussion, de nouvelles versions de la même lettre peuvent encore être élaborées.

Système de transcription phonétique utilisé : l'Alphabet Phonétique International.

[i]	midi	[w]	oui. moi.
[e]	chanté	[p]	petit
[ɛ]	chantais. tête	[b]	bord
[a]	ta	[t]	tu
[ɑ]	pâte	[d]	dans
[ɔ]	porte	[k]	quand
[o]	métro	[g]	gare
[u]	goutte	[f]	faire
[y]	tu	[v]	va
[ø]	eux	[s]	assez
[œ]	bonheur	[z]	rose
[ə]	cheveux	[ʃ]	chat
[ɛ̃]	faim	[ʒ]	jardin
[œ̃]	un	[m]	homme
[ɑ̃]	temps	[n]	nous
[ɔ̃]	monter	[ɲ]	montagne
[j]	fille	[l]	la
[ɥ]	bruit	[R]	rêve

Abréviations utilisées :

angl. : mot anglais	id. : identique	prést : présent
cf. : se reporter à	impft : imparfait	Pqpft : plus-que-parfait
cons. : consonne	ind. : indicatif	subj. : subjonctif
CV : chevaux (fiscaux)	N. B. : remarque	syn. : synonyme
ex. : exemple	op. cit. : ouvrage cité	transf. : transformation
fam. : familier	p. : page	v. : vers (poésie)
→ : aboutit à	< — : vient de	voc. : vocabulaire
op. cit. (lat.) : ouvrage cité.		

Index par thèmes

THÈMES	TEXTES
L'automobile	Violence et faits divers (22). L'automobile (28). Circulation (29). Vous prenez la première à droite (30).
Décors de la vie quotidienne	Se loger à Paris (3). Le Bistrot (8). Métro-boulot-dodo (10). Une ville de province (14). On ne voit pas le temps passer (23). Paris-Gare de Lyon... (39).
Enfance et adolescence	La première boum (6). Sondage : les jeunes filles de 76 (7). Pourquoi tu pleures ? (20).
Les illusions	Courrier du cœur (17). Romans-photos (18). Horoscopes (19). Astrolâtrie (38). De l'espoir pour 5 francs (40).
Les loisirs	La première boum (6). Le bistrot (8). L'automobile (28). De l'espoir pour 5 francs (40). Mémento-ski (26). J'irai revoir ma Bretagne (31-32).
Maladies	Solitude (4). Le cancer (5).
La mode	La première boum (6). Gastronomie (12-13). Tristan et les soldes (35). Shopping-hommes (36).
Parler-écrire	Etat civil (1). L'un ou l'autre (15). Le message (24). L'art d'écrire (41).
A travers la Presse	Se loger à Paris (Petites annonces; 3). Sondage (7). Courrier du cœur (17). Romans-photos (18). Horoscopes (19). Interview (21). Violence et faits divers (22). J'irai revoir ma Bretagne (31-32). Shopping-hommes (36). (publicités)
La publicité	J'irai revoir ma Bretagne (31-32). Tristan et les soldes (35). Shopping-hommes (36). La question-cadeau-surprise (37).
Les régions	J'irai revoir ma Bretagne (31-32). La ville-fantôme (33). Aménagement de la côte languedocienne (34).
La solitude	Un buveur (2). Solitude (4). Le bistrot (8). Pauvre Martin (9). Déjeuner du matin (16).
Le tourisme	La vie de touriste (25). Paris-parallèle (27). La ville-fantôme (33). Aménagement de la côte languedocienne (34).
Les transports	Métro-boulot-dodo (10). L'automobile (28). Circulation (29). Vous prenez la première à droite (30).
Le travail	Sondage (7). Pauvre Martin (9). Métro-boulot-dodo (10). On ne voit pas le temps passer (23).
Les vacances	voir : Le tourisme. Mémento-ski (26). J'irai revoir ma Bretagne (31-32).
La vie de famille	La première boum (6). Sondage (7). Pourquoi tu pleures (20). On ne voit pas le temps passer (23).
Les vêtements	Tristan et les soldes (35). Shopping-hommes (36).
Vivre à Paris	Se loger à Paris (3). Solitude (4). Métro-boulot-dodo (10). Circulation (29). Tristan et les soldes (35).
Humour	La première boum (6). Pourquoi tu pleures? (20.) Violences et faits divers (22). La vie de touriste (25). Mémento-ski (26). Circulation (29). Vous prenez la première à droite (30). J'irai revoir ma Bretagne (31-32). Shopping-hommes (36). L'art d'écrire (41).

TABLE DES MATIERES

		TEXTES			EXPLOITATION		
Page	N°	Titre - Auteur	Nature	Phonétique orthographe	Syntaxe	Vocabulaire	Techniques d'Expression
3		Avant-propos					
5	1	Etat Civil (A. Camus)	Dialogue de théâtre	Intonation interrogative		Identité	Curriculum vitae
8	2	Un buveur (A. de Saint-Exupéry)	Dialogue de roman		Interrogation	Question/réponse	Dialogue
11	3	Se loger à Paris (Ch. Chambenois)	Article Récit	Intonation interrogative	Expression de temps	Le logement Les affaires	Les petites annonces Rébus - Jeux de rôles
16	4	Solitude (F. Sagan)	Article Récit	Le son [ã] Ses graphies	Changer (sémantique et syntaxe)	Seul débordé... — fatigué... Lecture de l'heure	Jeux de rôles Essai Enquête
20	5	Le cancer (M. Mességué)	Récit	Le son [K] Ses graphies	Style direct/ indirect Plus-que-parfait Pronom personnel Complément L'insistance	Préfixes : mal- ir- in-	Portrait Dialogue Monologue Lettres Débats
24	6	La première « Boum » (R. Gabbey)	Article		Actif/Passif	Trouver (consigner)	Discussion
28	7	Sondage : les jeunes filles de 76	Sondage			Profession	Commentaires Sondage
30	8	Le bistrot (R. Guinier du Vignaud)	Article	Les graphies de [o] Les graphies de [i]	Accords en genre	Adverbes en ment Pour situer dans l'espace chemin - porter - Lexique du « bistrot »	Avis Portrait Réflexion
35	9	Pauvre Martin (G. Brassens)	Chanson Poème			Pauvreté/Richesse grand	Sémiologie du geste Reconstitution
39	10	Métro-boulot-dodo (B. Cendrars)	Description	Les voyelles nasales (alternance : orales/nasales)	Structure avec relatives	Marcher - prendre arriver Niveaux de langue	Expression orale et travail de groupe Imitation
43	11	Couplet du trottoir d'été (R. Desnos)	Poème			Expression poétique : Initiation	Reconstitution de texte
45	12	Gastronomie I : Où est passée la bonne cuisine française (J.-F. Revel)	Pamphlet			Menus - Cartes Plats régionaux	Recettes Débat
49	13	Gastronomie II Vins et fromages	Dessin			Vins : les terroirs Les crus Fromages	A chaque plat son vin
51	14	Une ville de province (P. Modiano)	Description Roman		Verbes pronominaux Passé composé	Rues... Lexique : cinéma (pour aller)	Rédaction des adresses
55	15	L'un ou l'autre	Exercice		Ponctuation		Ponctuation et sens

Page	N°	Titre - Auteur	Nature	Phonétique Orthographe	Syntaxe	Vocabulaire	Techniques d'expression
		TEXTES			**EXPLOITATION**		
57	16	Déjeuner du matin (J. Prévert)	Poème		Passé-simple Nominalisation Ponctuation		Expansion Réflexion sur une forme poétique
59	17	Courrier du cœur (M. Segal)	Courrier du cœur			Vocabulaire des sentiments	Lettre
61	18	Romans-photos	Romans Photos				Dialogues Monologue
64	19	Le courrier des astres	Horoscopes		Expression d'un futur certain - hypothétique	L'avenir Lexique de l'horoscope Relations avec les autres	Rédactions d'horoscopes (réemplois)
67	20	Pourquoi tu pleures? (V. Alexatis)	Article	Intonation impérative expressive (agacement)	L'impératif Expression de l'ordre	Temps Mettre	Langage familier Monologue Dialogue - Récit Réflexion
73	21	Interview	Interview Article				Jeux de rôles : interview Conférence de presse
74	22	Violence et faits divers (J. Sternberg)	Article	Le son [õ] Ses graphies	Pour... Le passif incomplet on	La violence	Le fait divers (rédaction d'articles)
79	23	On ne voit pas le temps passer (J. Ferrat)	Chanson	L'opposition : [f] / [v]		Entre cœur	Les activités de la femme au foyer Pour ou contre
83	24	Le message (J. Prévert)	Poème	L'opposition [ʃ] [s]	Pronoms relatifs Transformation relative Accord du part. passé		Messages : Lettres et télégrammes
86	25	La vie de touriste (R. Fallet)	Réflexion (extraite d'un roman)		L'interdiction et l'obligation La négation incomplète style indirect		Personnages célèbres et lieux touristiques : jeu
89	26	Mémento-ski (P. Daninos)	Satire		Un cas de concordance des temps		Réécriture Légendes de dessins humoristiques Télégramme Jeu du téléphone
92	27	Paris parallèle (J. Roy)	Article			Le touriste Son équipement	Cours d'histoire Commentaires de visites
95	28	L'Automobile (A. Remacle)	Extrait de roman	L'opposition [y] / [u]	Structure avec subordonnées relatives Pronoms relatifs (emploi)	Niveaux de langue Mots raccourcis	Les voitures françaises Essais
99	29	Circulation (R. Devos)	Sketch	L'intonation Homophones	Le conseil impératif Types de phrases interrogatives	Faire Jeux de mots	Pastiche Réflexion
106	30	Vous prenez la première à droite (P. Daninos)	Récit				Pour aller à... (jeu)

		TEXTES			EXPLOITATION		
Page	N°	Titre - Auteur	Nature	Phonétique orthographe	Syntaxe	Vocabulaire	Techniques d'expression
108	31	J'irai revoir ma Bretagne (I) (G. Doucet)	Article	Le son [j] Ses graphies	Ponctuation Usages de l'infinitif	Les vacances	Jeu de rôles Invitation aux vacances (publicités) Articles publicitaires Récits de voyage
112	32	J'irai revoir ma Bretagne (II) (G. Doucet)	Article	Intonation expressive : la lassitude	Interrogation indirecte par si	Préfixes dé- re-	Cartes postales Débats
116	33	La ville-fantôme (J. Joubert)	Extrait de roman Description		Les temps du passé Les formes en -ant	La route... Le port	Résumé Reportage - Essai Synthèse
119	34	Aménagement de la côte Languedo-cienne (R. Laffont)	Essai (Lettre ouverte)	L'opposition [ø] / [œ]	Les valeurs d'aspect	Provinces françaises Suffixes : -eur -iste	Débats Essai
124	35	Tristan et les soldes (M. Denuzière)	Article (satire)		Le futur hypothétiques : les formes en -rais (conditionnel) L'inversion du sujet	Mots composés Problème de genre	Rédaction de cartes d'invitation - de prospectus publicitaire Jeu : Les griffes françaises
128	36	Shopping-Hommes	Publicités (Images et textes)		Syntaxe du slogan	Les emprunts à l'anglais	Réflexion - Débat Rédaction de textes publicitaires
130	37	La question - cadeau - surprise (J. Guénot)	Article (récit)	Lecture des sigles	Futur simple et futur avec aller Style direct/ indirect	Niveaux de langue : argot Préfixes :sur-; super-; hyper-; Les différentes façons de : -dire -rire Verbes de mouvements	Lecture expressive Jeu de rôles Rédaction du bulletin trimestriel Dialogue Débat
137	38	Astrolâtrie (P. Leulliette)	Article			Changer	Phrases à terminer Portrait psycho-sociologique Enquête - Essai philosophique :
139	39	Paris-Gare de Lyon (M. Butor)	Roman		Emplois de vous Ponctuation Structures avec prop. relatives		Dialogue utile Lectures d'un indicateur, de pictogrammes
143	40	De l'espoir pour 5 francs P. Viansson - Ponté	Article	Liaisons	C'est... subjonctif Présent En et y	Synonymes Parasynonymes Les étapes du raisonnement	Analyse - Synthèse Débat : Jeux de rôles
150	41	L'Art d'écrire (Tincobol)	Article	Le son [s] Ses graphies	Tournures nominales Propositions participes	La voie hiérarchique Synonymes de : signaler - argumentation	Lettre circulaire Jeu de rôles
156		Système de transcription phonétique utilisé : l'Alphabet phonétique International					
167		Index par thèmes					

Imprimerie Tardy Quercy S.A. - Bourges

N° d'Éditeur : CL 36640-IV (PSM.c.VII) AT. - Imprimé en France - Septembre 1984 - N° 11843